NEW
トライアングル学習
刑事訴訟法【改訂版】

受験対策研究会　編著

東京法令出版

イラスト 村上太郎

B巡査長

A巡査

大事なことが
コンパクトに
まとまっているよ!!

千里の道も一歩から
さっそく頁をめくってみましょう。

①まずは【組立て】
項目の構成をつかもう

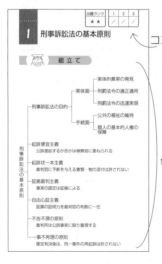

ココ

A：まずは日付を書き込みましょう、先輩!
「これから勉強するぞ!」という気合入れ、それに後から見たときに履歴が残っていれば、自信やモチベーションの維持にもつながります。

B：ン!
それに、この頁を見ると、これから何を勉強していくのか分かりやすいね。

②お次は【要　点】
重要ポイントをしっかり押さえよう

B：項目ごとの構成が分かりやすく、基礎力を付けるのにバッチリだね！

A：ハイ。しっかり勉強してください。そして、そそっかしい先輩のために、その箇所に応じて【わな】や【ワンポイント】、【Check】を設けてありますよ。さらに、なかなか覚えられない先輩のために【記憶法】がついているところもあります。

B：おまえ、イヤミか…

③最後に【練習問題】、【解　答】、【論文対策】
問題演習で、腕試し＆応用力をチェック！！

B：ムッ、む、む、むずか…

A：先輩、気をたしかに！大丈夫、間違えたっていいんです。解答も覚えるくらいしっかり読んで、きちんと理解できれば、試験本番で力を出せますよ。

要点に載っていないことも。ココでしっかり押さえ、足りない部分は自分で書き込んでいこう。

― これがトライアングル効果！ ―――――――――――

① 【組　立　て】 で、その項目の全体像を把握
② 【要　　　点】 で、基礎をしっかり押さえ
③ 【練習問題】
　 【解　　　答】 で、理解度チェックと、プラスαも網羅！
　 【論文対策】 で、答案構成を押さえて論点を明確化！

①～③を何度も繰り返しましょう！

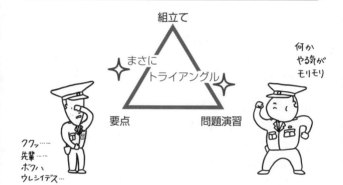

　世の中には、たくさんの法学解説書があります。
　その中で、本書は、これから勉強を始めるためのとっかかりとして、また、実力アップを図るための基礎力、ＳＡ問題や論文問題への応用力を身に付けるために作られたものです。
　【組立て】、【要　点】、問題演習を何度も何度も繰り返し〈トライアングルし〉、分からないことはどんどん調べて書き足して、本書をアナタだけのオリジナルテキストにしていってください。
　本書は、皆さんの楽しい試験生活をサポートします。

　　　　それでは、一緒に頑張りましょう！！

目　次

～刑事訴訟法～

1　刑事訴訟法の基本原則 …………… *1*
2　司法警察職員とその権限 ……… *9*
3　検　視 ………………………………… *19*
4　告訴・告発・自首 ………………… *27*
5　任意同行 …………………………… *37*
6　被疑者取調べ ……………………… *45*
7　取調べの録音・録画 …………… *53*
8　通常逮捕 …………………………… *63*
9　逮捕状の緊急執行 ……………… *71*
10　緊急逮捕 …………………………… *77*
11　現行犯逮捕 ………………………… *85*
12　準現行犯逮捕 ……………………… *93*
13　軽微事件の現行犯逮捕 ………… *99*
14　再逮捕 ……………………………… *105*
15　逮捕後の手続 ……………………… *111*
16　被疑者の勾留 ……………………… *121*
17　捜索・押収 ………………………… *129*

18	令状による捜索・差押え	135
19	令状によらない捜索・差押え	153
20	検証・実況見分	165
21	鑑定嘱託	171
22	身体検査	177
23	通信傍受	185
24	微罪処分	195
25	弁護人の選任	201
26	接見交通権	207
27	証　拠	213
28	自白の証拠能力・証明力	221
29	伝聞証拠	227
30	被告人の供述書等の証拠能力	233
31	司法制度改革	239

―― 凡　例 ――

　本書（判例に関する記述以外）では、法令名を次のような略称を用いて表示しています。

（法令名）　　　　　　　　　　　　　（略称）
○刑事訴訟法……………………………法
○刑事訴訟規則…………………………規則
○犯罪捜査規範…………………………犯捜規
○警察官職務執行法……………………警職法
○暴力行為等処罰ニ関スル法律………暴力行為等処罰法
○経済関係罰則ノ整備ニ関スル
　法律……………………………………経済関係罰則整備法
○警察等が取り扱う死体の死因
　又は身元の調査等に関する法
　律………………………………………死因・身元調査法
○日本国憲法……………………………憲法
○私的独占の禁止及び公正取引
　の確保に関する法律…………………独占禁止法
○議院における証人の宣誓及び
　証言等に関する法律…………………議院証言法

出題ランク	1	2	3
★★	/	/	/

1 刑事訴訟法の基本原則

組立て

刑事訴訟法の基本原則
- 刑事訴訟法の目的
  - 実体面
    - 実体的真実の発見
    - 刑罰法令の適正適用
    - 刑罰法令の迅速実現
  - 手続面
    - 公共の福祉の維持
    - 個人の基本的人権の保障

- 起訴便宜主義
  公訴提起するか否かは検察官に委ねられる

- 起訴状一本主義
  裁判官に予断を与える書類・物の添付は許されない

- 証拠裁判主義
  事実の認定は証拠による

- 自由心証主義
  証拠の証明力を裁判官の判断に一任

- 不告不理の原則
  裁判所は公訴事実に限り審理する

- 一事不再理の原則
  確定判決後は、同一事件の再起訴は許されない

要 点

1 刑事訴訟法の目的

法1条は、「この法律は、刑事事件につき、公共の福祉の維持と個人の基本的人権の保障とを全うしつつ、事案の真相を明らかにし、刑罰法令を適正且つ迅速に適用実現することを目的とする。」と規定している。

実体面	実体的真実の発見	できるだけ客観的真実に接近する。
	刑罰法令の適正適用	内容的に適正・公平であること。
	刑罰法令の迅速実現	被告人・国家双方の利益のために。
手続面	公共の福祉の維持	公の秩序維持・犯罪の鎮圧
	個人の基本的人権の保障	個人の自由及び権利を不当に侵害しないように注意しなければならない。

2 起訴便宜主義

検察官が犯人の性格、年齢及び境遇、犯罪の軽重及び情状並びに犯罪後の状況等を考慮し、公訴提起するか否かを判断する原則をいう(法248条)。

3 起訴状一本主義

法256条6項は、「起訴状には、裁判官に事件につき予断を生ぜしめる虞のある書類その他の物を添附し、又はその内容を引用してはならない。」と規定している。これが起訴状一本主義のことである。

○ いわゆる一件記録の添付は許されない。
○ 一般的に、被告人の前科・前歴を起訴状に記載することは許されないが、犯罪の動機・原因は、公訴事実の内容に密接不可分のものである限り、起訴状への記載が許される。

4 証拠裁判主義

法317条は、「事実の認定は、証拠による。」と規定している。これは証拠裁判主義を宣言したものである。

○ 公訴犯罪事実等の重要な事実の認定については、法定の要件を備えた証拠による証明（厳格な証明、すなわち証拠能力のある証拠）の必要性を意味する。

5 自由心証主義

自由心証主義（法318条）とは、証拠の証明力を積極的又は消極的に法定しないで、これを全く裁判官の自由な判断に一任するという主義で、法定証拠主義に対するものである。

○ 自由な判断に委ねられるのは、「証拠の証明力」であって、「証拠能力」に関するものではない。

○ 心証の形成は、経験上の法則及び論理上の法則に従って行われることを要する。

> 自由心証主義には、自白に関して重要な例外がある。憲法38条3項、法319条2項・3項がそれで、たとえ裁判官が自白のみで十分な心証を得たとしても、他に補強証拠がない限り、裁判官は犯罪事実を認定することができない（共犯者の自白を本犯の補強証拠にすることはできる）。

6 不告不理の原則

公訴提起のない事件は審理ができない。これを不告不理の原則という。すなわち、検察官によって公訴の提起が行われない限り裁判所は事件について審理することができず、また、裁判所は、起訴状において検察官が指定した被告人及び公訴事実についてのみ審判をすることができるとする原則である。

7 一事不再理の原則

有罪・無罪の判決、免訴の判決が確定すると、これと同一の事件について再度の公訴提起が許されず、再び公訴の提起があった場合は免訴の判決が言い渡される（憲法39条、法337条1号）。これを一事不再理の原則という。

参考 捜査手続の流れ

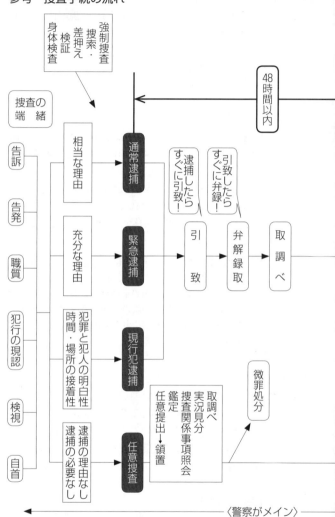

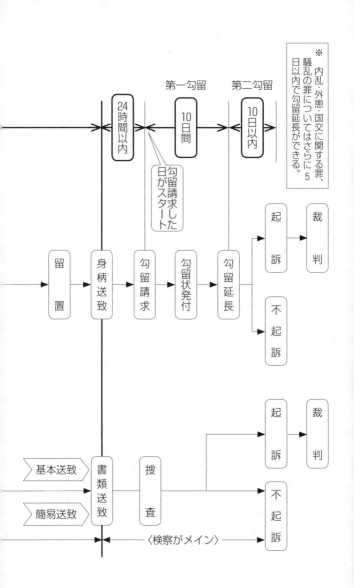

練習問題

Q

次のうち、正しいものには○、誤っているものには×を記せ。

(1) 旧刑事訴訟法下では、被疑者の人権保障に欠けるうらみがあったので、現行刑事訴訟法では、被疑者の基本的人権の保障が最優先とされている。

(2) 刑事訴訟法において「事案の真相を明らかにし」とあるのは、形式的真実発見主義をとるのではなく、実体的真実発見主義を採用したことを示したものである。

(3) 自由心証主義は、法定証拠主義に相対するもので、証拠の証明力の判断に法的な拘束を加えることなく、その評価を裁判官に委ねる制度である。

(4) 自由心証主義では、証拠の証明力が裁判官の「自由な判断」すなわち、純粋な自由裁量に委ねられている。

(5) 文書によって人を脅迫した事案、又は文書によって人の名誉を毀損した事案の起訴状の公訴事実に、それらの文書の内容を引用的に記載した場合、起訴状一本主義に違反しない。

(6) 一般人を恐れさせる被告人の経歴・素行等を被害者が知っているのに乗じて恐喝した事案の起訴状の公訴事実に被告人の悪い経歴・性行を記載した場合、起訴状一本主義に反する。

(7) 共犯者の1人に対し有罪判決があってそれが確定した後に他の共犯者を起訴することは、一事不再理の原則に反しない。

(8) 不告不理の原則に基づけば、たとえ訴因の記載中に被告人と共犯関係にあるとして氏名を表示されている者であっても、その共犯者が被告人として指定されていない以上は、その者には公訴の効力は及ばない。

解 答

× (1) 個人の基本的人権を偏重するあまり、公共の福祉の維持に欠けることがあってはならない。基本的人権の保障も公共の福祉維持との調和の上に立ったものでなければならない。

○ (2) 絶対的な客観的真実の発見は、人間の能力に限界があり、また制度的にも制約があるなどにより不可能であるが、これらの制約の範囲でできるだけ客観的真実に接近しようとする考え方である。

○ (3) 法定証拠主義は、証拠の証明力に差異を設けて法定し、裁判官の個人差の排除を目的とする。しかし、あらかじめ法律で証拠の証明力を一般的、抽象的に定めることから、具体的事案において不当な結果が生ずる場合があるという短所を有する。

× (4) 心証の形成は、全体として、経験法則と論理法則に合致することが要求され、裁判官の恣意を許すものでもなく、また、純粋な自由裁量を認めるものでもない。

○ (5) この種の事件では、文書原文又は一部が犯罪構成要件に該当する事実の一部そのものをなすから、当該部分を抽出して公訴事実の記載の一部とするのは当然許されるから、違反とならない。

× (6) 恐喝の手段方法を明らかならしめるのに必要であるから許されるので、違反とならない。

○ (7) 既判力の及ぶ人的範囲は、その判決を受けた被告人だけであるので、一事不再理の原則に反しない。

○ (8) 公訴提起の効力の及ぶ人的範囲の問題である。公訴は、検察官が指定した被告人に対してだけその効力を及ぼし、検察官が指定した被告人以外の者にその効力を及ぼさない(法249条)。

 論文対策

Q

甲は、自己の家屋が焼失したことについて失火罪で起訴され、やがて有罪判決が下り、これが確定した。その後、近隣の噂などから再調査したところ、実は、甲が保険金目的で放火したものであることが判明した。

この場合、甲を放火罪で再起訴することができるか。

〔答案構成〕

1 結論
一事不再理の原則により、甲を放火罪で再起訴することができない。

2 一事不再理の原則
有罪・無罪の判決、免訴の判決が確定すると、これと同一の事件について再度の公訴提起が許されず、再び公訴の提起があった場合は、免訴の判決が言い渡される(法337条1号)。これを一事不再理の原則という。

3 一事不再理の効力(既判力)の及ぶ範囲
① 人的範囲〜その判決を受けた被告人だけである。
② 物的範囲〜訴因だけでなく、これと単一かつ同一の関係にある公訴事実の全体である。したがって、有罪・無罪の判決確定後、当該訴因と同一性のある公訴事実の範囲内で別の訴因を構成して再び起訴することは許されない。
③ 時間的範囲〜第一審判決言渡時を限界とする。

4 事例の検討
本問事例の失火罪の訴因と放火罪の訴因とは、同一の被告人による単一かつ同一の公訴事実に属し、人的・物的・時間的に失火罪の既判力が後者に及ぶから、放火罪で再起訴できない。

出題ランク	1	2	3
★★	/	/	/

2 司法警察職員とその権限

組立て

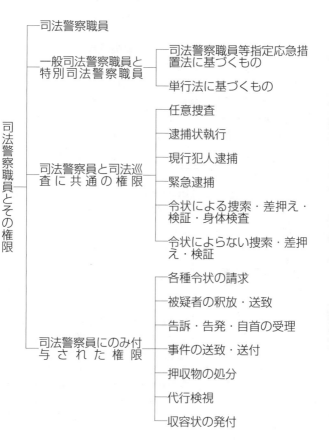

- 司法警察職員とその権限
  - 司法警察職員
  - 一般司法警察職員と特別司法警察職員
    - 司法警察職員等指定応急措置法に基づくもの
    - 単行法に基づくもの
  - 司法警察員と司法巡査に共通の権限
    - 任意捜査
    - 逮捕状執行
    - 現行犯人逮捕
    - 緊急逮捕
    - 令状による捜索・差押え・検証・身体検査
    - 令状によらない捜索・差押え・検証
  - 司法警察員にのみ付与された権限
    - 各種令状の請求
    - 被疑者の釈放・送致
    - 告訴・告発・自首の受理
    - 事件の送致・送付
    - 押収物の処分
    - 代行検視
    - 収容状の発付

1 司法警察職員

警察庁(管区警察局を含む)と都道府県警察の各警察官及び特別の事項について司法警察職員としての職務を行う特定の行政庁の職員を総称して司法警察職員という。この司法警察職員という名称は、官名でも職名でもなく、捜査権限を行使することができる刑事訴訟法上の資格の名称である。

2 一般司法警察職員と特別司法警察職員

司法警察職員のうち、警察庁及び都道府県の警察官を一般司法警察職員と呼び(法189条1項)、これに対し、その他特別の事項について司法警察職員として捜査の職務を行う特定の行政庁の職員等を総称して特別司法警察職員という(法190条)。

特別司法警察職員として、次のものがある。

	官 名	職務の範囲又は場所
司法警察職員等指定応急措置法に基づくもの	森林管理局(署)の職員	国有林野、公有林野等の産物や、その林野や国営猟区における狩猟に関する罪
	船長その他の船員	船舶内における犯罪
	皇宮護衛官	天皇及び皇后、皇太子その他の皇族の生命、身体若しくは財産に対する罪、皇室用財産に対する罪又は皇居、御所その他皇室用財産である施設若しくは天皇及び皇后、皇太子その他の皇族の宿泊の用に供されている施設における犯罪

単行法に基づくもの	刑事施設の長及び指名された刑事施設の職員	刑事施設における犯罪
	鳥獣保護・狩猟事務担当職員	鳥獣の保護及び管理並びに狩猟の適正化に関する法律等に違反する罪
	労働基準監督官	労働基準法等に違反する罪
	運航労務監理官（船員労務官）	船員法等に違反する罪
	海上保安官及び海上保安官補	海上における犯罪
	麻薬取締官及び麻薬取締員	麻薬及び向精神薬取締法、大麻取締法、覚せい剤取締法等に違反する罪
	鉱務監督官	鉱山保安法違反の罪
	漁業監督官及び漁業監督吏員	漁業に関する罪
	自衛隊警務官及び自衛隊警務官補	自衛官等（以下「隊員」という。）の犯した犯罪、 職務に従事中の隊員に対する犯罪その他隊員の職務に関し隊員以外の者の犯した犯罪、 自衛隊の使用する船舶、庁舎、営舎その他の施設内における犯罪及び自衛隊の所有し、又は使用する施設又は物に対する犯罪

3 司法警察員と司法巡査

司法警察職員は、「犯罪があると思料するときは、犯人及び証拠を捜査する」ものとされている（法189条2項）。

司法警察員と司法巡査とでは、刑事訴訟法上その捜査権限に差異が設けられている。端的に言えば、司法警察員は、捜査の責任者として捜査を主宰し、司法巡査は、司法警察員の補助者として個々の事実的処分を実行するにすぎないということができる。

4 司法警察員・司法巡査に共通の権限

① 任意捜査	法197条、198条、221条、223条
② 逮捕状執行	法199条
③ 現行犯人逮捕	法213条
④ 緊急逮捕	法210条
⑤ 令状による捜索・差押え・検証・身体検査	法218条1項
⑥ 令状によらない捜索・差押え・検証	法220条

5 司法警察員のみの権限

① 各種令状の請求 請求権者は、各公安委員会指定の警部以上の階級にある警察官(以下、指定司法警察員)に限られる。ただし、通常逮捕状請求以外の令状請求は、例外あり。	法199条2項、218条4項、224条1項、225条2項、規則141条の2、犯捜規119条1項、120条1項、137条1項、189条4項

わな
緊急逮捕状の請求は、当該逮捕に当たった司法巡査にもできる(犯捜規120条1項)。

② 逮捕された被疑者に対し、犯罪事実の要旨及び弁護人選任権を告知して弁解の機会を与え、かつ、被疑者を釈放又は身柄付きで検察官に送致	法203条、211条、216条
③ 告訴・告発・自首の受理	法241条、245条
④ 事件の送致・送付	法246条、242条、245条
⑤ 押収物の処分	法222条1項
⑥ 代行検視	法229条2項
⑦ 検察官の命による収容状の発付	法485条

参考判例

特別司法警察職員の職権行使　最判昭40.5.20

長崎県漁業監督吏員たる同県漁業取締船海竜丸船長Mは本件第六幸洋丸に対し正当な業務行為として立入検査を行なうべくこれに接近したところ、これに気付いた第六幸洋丸が忽ち全速力で逃走を開始したため、やむなくこれを追跡したものであり、その逃走開始当時の第六幸洋丸の位置は、長崎県壱岐郡若宮島灯台の北東9浬の海面で、同所から途中停船の信号を発しながら継続追跡して本件現場に至ったものであり、右逃走開始位置は周囲の状況から見て明らかに長崎県の管轄漁業取締区域内と認められるというのである。右のごとき事実関係の下においては、同所から継続追跡中に発した本件停船命令は、その場所が長崎県の管轄区域外であったとしても、長崎県漁業監督吏員たる前記Mの法令の根拠に基づく適法な公務の執行に属するものと解するのが正当である。

特別司法警察職員の職権行使　広島高判昭47.3.31

鉄道公安職員の職務執行地域内である電車内で被告人に対する逮捕の着手がなされたところ被告人がこれをふり切って鉄道施設外へ逃走したような場合には、鉄道公安職員がその職務の執行としてこれを追跡し市街地において逮捕できることは当然のことであって、右法律がかかる場合にまで鉄道公安職員の職務執行を制限する趣旨とは解されないから、M鉄道公安職員の本件逮捕行為は適法な職務執行と認められる。……その直後に逃走した被告人を直ちに追跡し逮捕することは一連の窃盗犯人逮捕活動と認めて差支えなく右逮捕を免れようとして鉄道公安職員に暴行を加えた以上事後強盗罪および公務執行妨害罪が成立するのであって、その後当該鉄道公安職員が被告人を逮捕したかどうかは事後強盗罪の成否には無関係なのであるが、本件ではM鉄道公安職員が被告人を逮捕したものであることが《証拠略》によって明らかである。してみれば、M鉄道公安職員の本件逮捕行為は、窃盗犯人逮捕として適法な職務行為の範囲内にあり、被告人が同人に前記暴行を加えた結果、事後強盗罪および公務執行妨害罪が成立する。

（注）　鉄道公安職員は、日本国有鉄道時代の特別司法警察職員。

Check! ①

警察官と検察官の関係

☐ 協力関係

　法192条「検察官と都道府県公安委員会及び司法警察職員とは、捜査に関し、互に協力しなければならない。」

☐ 検察官の一般的指示権

　法193条1項「検察官は、その管轄区域により、司法警察職員に対し、その捜査に関し、必要な一般的指示をすることができる。この場合における指示は、捜査を適正にし、その他公訴の遂行を全うするために必要な事項に関する一般的な準則を定めることによって行うものとする。」

　一般的指示権に基づく準則

- 司法警察職員捜査書類基本書式例
  全国的に統一されているので検事総長の名で指示されている。
- 司法警察職員捜査書類簡易書式例
  基本書式同様検事総長の名で指示されている。
- 道路交通法違反事件迅速処理のための共用書式
  交通事件の捜査書類の特例で、いわゆる交通切符と称されている。
- 微罪処分処理に関する指示
  いかなる場合が微罪処分となるかは検事総長の指示として出されるが細目については各地方の検事正が定める。

☐ 検察官の一般的指揮権

　法193条2項「検察官は、その管轄区域により、司法警察職員に対し、捜査の協力を求めるため必要な一般的指揮をすることができる。」

　捜査は、警察官、検察官、特別司法警察職員の3者が当たることとなっているが、それぞれの捜査機関が一つの事件を捜査するような場合、検察官が各捜査機関の相互協力、調整等を図る。

☐ 検察官の補助命令権

　法193条3項「検察官は、自ら犯罪を捜査する場合において必要があるときは、司法警察職員を指揮して捜査の補助をさせることができる。」

☐ 警察官の服従義務

　法193条4項「前3項の場合において、司法警察職員は、検察官の指示又は指揮に従わなければならない。」

Check! ②

司法巡査・司法警察員 権限早見表

	司法巡査	司法警察員
任意捜査	○	○
告訴・告発・自首の受理	×	○
代行検視	×	○
各種令状の請求	×	○[※1]
逮捕状執行	○	○
現行犯人逮捕	○	○
私人からの現行犯人の引渡しを受ける	○	○
緊急逮捕	○	○
緊急逮捕状の請求	△[※2]	○[※1]
逮捕された被疑者に対し、被疑事実の要旨及び弁護人選任権を告知して弁解の機会を与え、かつ、被疑者を釈放又は身柄付きで送致	×[※3]	○
事件の送致・送付	×	○
令状による捜索等	○	○
令状によらない捜索等	○	○
押収物の処分	×	○
検察官の命による収容状の発付	×	○

※1 指定司法警察員に限られる。ただし、通常逮捕状請求以外の令状請求は、例外あり。
※2 当該逮捕に当たった者に限る。
※3 明らかな誤認逮捕である場合は、司法警察員の幹部の指揮を受け、釈放措置をとることが妥当である場合がある。

練習問題

Q

次のうち、正しいものには〇、誤っているものには×を記せ。

(1) 警察官が詐欺事件を捜査中、これと関連する麻薬及び向精神薬取締法違反事件を認知した場合には、当該麻薬事犯の捜査を麻薬取締官に委ねなければならない。

(2) 飛行中の国内航空機内で、乗客が客室乗務員に暴行を加え傷害を負わせた場合、機長は、特別司法警察職員としてはその乗客を現行犯逮捕できない。

(3) 巡視中の海上保安官が、陸上で犯した詐欺事件によって指名手配中の犯人がたまたま海上の船舶内にいるのを発見した場合、これを逮捕することができる。

(4) 司法巡査は、危険を生じるおそれがある押収物を廃棄することができる。

(5) 司法巡査は、押収した贓物で留置の必要のないものを、被害者に還付すべき理由が明らかなときに限り、事件の終結を待たないで被害者に還付することができる。

(6) 司法巡査は、押収物に関する処分権限を有しないので、押収品目録の作成・交付をすることができない。

(7) 司法巡査は、交番において、質店主から任意提出された盗品等を領置することができる。

(8) 告訴・告発事件の受理、自首調書の作成は、司法警察員にのみ与えられた権限である。

(9) 司法警察員は、巡査部長の階級以上の者でなければ指定されることはない。

解　答

× (1) 一般司法警察職員の捜査権は、特別司法警察職員の職務範囲についても当然に及び、この範囲においては両者の捜査権は競合することになるので、麻薬取締官に捜査を委ねる必要はない。特別司法警察職員の制度は、地域的・事項的に特別の知識を有する者に捜査を委ねるのが合目的的であるという理由で設置されたものである。

○ (2) 航空機の機長は特別司法警察職員ではないので、一般私人として現行犯逮捕することとなる。

× (3) 陸上犯罪で指名手配された犯人がたまたま海上にいたとしても、海上犯罪ではないから、海上保安官の捜査権が及ばないので逮捕することができない。

○ (4) 危険物の廃棄処分は、急を要することが多いので、司法巡査も行うことができる（法121条2項、222条1項）。

× (5) 法222条1項ただし書は、「司法巡査は、第122条から第124条（押収物の売却・還付・仮還付）までに規定する処分をすることができない。」と規定している。

× (6) 押収品目録の作成・交付については、法222条1項により、法120条が準用されるので、司法巡査もこれを行うことができる。

○ (7) 任意提出された物の領置は許される（法221条）。

○ (8) 告訴・告発の受理については、法241条、自首調書の作成については、法245条により法241条2項が準用される。

× (9) 巡査も司法警察員に指定され得る。

2　司法警察職員とその権限　17

 論文対策

Q

S警察署A刑事課長は、麻薬取締官Bから「麻薬及び向精神薬取締法違反事件を捜査中、これと関連して大規模な暴力関係事犯の概要を探知したので、当該麻薬事犯の捜査を引き継いでもらいたい」旨の申出を受けた。

この場合、A刑事課長のとるべき措置について述べよ。

〔答案構成〕

1 結論

署長に報告して、その指揮を受けて、自ら捜査を行わなければならない。

2 一般司法警察職員と特別司法警察職員の意義

(1) 一般司法警察職員

警察庁及び都道府県警察の警察官(法189条1項)

(2) 特別司法警察職員

特別の事項について司法警察職員としての職務を行う特定の行政庁の職員(法190条)

3 両者の職務範囲の競合

特別司法警察職員及び準特別司法警察職員の職務の範囲に属する犯罪の捜査については、一般司法警察職員も競合して権限を有する。

4 事例の検討

○ 麻薬取締官は、麻薬及び向精神薬取締法に基づく特別司法警察職員である。

○ 一般司法警察職員は、特別司法警察職員から、捜査を引き継ぐべき旨の申出を受けたときは、警察署長に報告して、その指揮を受け、自らその捜査を行うものとする(犯捜規53条)。

出題ランク	1	2	3
★★	/	/	/

3 検視

組立て

- 検視
  - 意義
    - 犯罪起因の有無についての五官の作用による死体の調査
  - 検視の種別
    - 司法検視
      - 法229条に基づく処分で、捜査の端緒となる
    - 行政検視
      - 犯罪に起因しない異常死体に対する行政目的から行われる死体の見分
  - 司法検視の手続
    - 実施機関
      - 検察官
      - 司法警察員（代行検視）
    - 検視の対象
      - 変死者
      - 変死の疑いのある死体
    - 検視の手続
      - 報告・通知
        （警察官→署長→検察官）
      - 代行検視
        医師の立会いが必要
    - 処分行為
      - 変死体存在場所への立入り
      - 変死体の検査
      - 所持品等の調査

3 検視 19

要 点

1 意 義

 検視とは、死因が犯罪に起因するかどうかを判断するために、五官の作用により死体の状況を調べる処分である。

 五官の作用により行う処分である点で検証と同じ性質を有するが、検証が捜査そのものとして証拠収集のために行われるものであるのに対し、検視は、捜査そのものではなく、証拠資料を得る目的から行われるものでない点で検証と異なる。

2 検視の種別

司法検視	法229条に基づき、死体について犯罪の嫌疑を発見するために行われる処分で、捜査の端緒としての意味をもつ。
行政検視	犯罪によるとの疑いが全くなく不自然死体、例えば、明らかな行旅死亡人、凍死者、自殺死体等の不自然な死亡を遂げた、いわゆる異常死体を警察官が現場に臨んで見分する手続をいう。これは、主として公衆衛生、感染症防止、死体の処理、身元確認等の行政目的から行われるもので、犯罪の捜査とは直接の関係がない。 ワンポイント 死因が明らかでない場合は、監察医に検案させ、なお死因が不明のときには、死体を解剖させることができる(死体解剖保存法8条)。これを行政解剖という。これにより、死因が犯罪による疑いを生じた場合は、手続を司法検視に切り替え、検視調書を作成する。

3 司法検視の手続

実施機関	検察官	その死体の所在地を管轄する地方検察庁又は区検察庁の検察官が行うものとされている(法229条1項)。
	司法警察員	検察官の依頼により司法警察員が代行することができる(法229条2項)。これを代行検視という。
検視の対象	変死者	「変死者」とは、不自然死であって、しかも、犯罪による死亡ではないかという疑いのある死体のことである。
	変死の疑いのある死体	「変死の疑いのある死体」とは、自然死であるか不自然死であるか明らかでなく、あるいは犯罪によるものではないかという疑いのある死体のことである。 **わな** 明らかに犯罪によって死亡した者は、変死者ではない。検視ではなく、検証(捜査そのもの)を行うことになる。
検視の手続	報告・通知	警察官は、変死体を発見し、又はその届出を受けたときは、直ちにその変死体の所在地を管轄する警察署長に報告し、警察署長は、同じく死体の所在地を管轄する地方検察庁又は区検察庁の検察官に通知することとされている(検視規則2条、3条)。
	代行検視	司法警察員が代行検視を行うときは、医師の立会いを求めて行い、検視調書を作成して、撮影した写真等とともに検視の結果を、速やかに検察官に報告しなければならないとされている(検視規則5条)。
処分行為		捜査手続に属さないという理由と、変死体が存するという緊急性から、令状なくして次の行為を行うことができる。 ① 変死体の存在する場所に立ち入ること ② 変死体を検査すること ③ 所持品等を調査すること

4 警察による死体取扱いの流れ

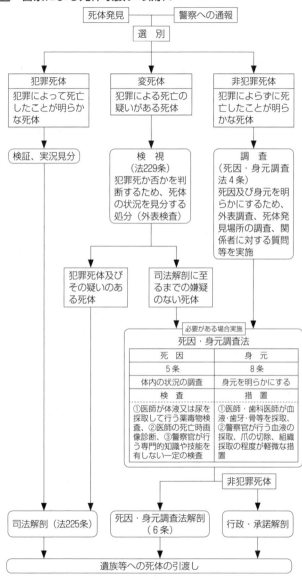

5 解剖の種別

	司法解剖	死因・身元調査法解剖	行政・承諾解剖
目的	捜査の目的	死因を明らかにし、市民生活の安全と平穏を確保する目的	公衆衛生の向上等の行政目的
対象となる死体	犯罪死の嫌疑が生じた死体	犯罪死の嫌疑が生じているが、司法解剖を必要とするほどではない死体	犯罪死の嫌疑が生じていない死体
手続の要点	① 鑑定処分許可状の発付が必要 ② 医師等に鑑定を嘱託して実施	① 令状の発付は不要 ② 法医学の専門家等の意見を聴き、死因を明らかにするため特に必要なとき ③ 遺族に対する説明が原則的に必要であるが、その承諾は不要（遺族が所在不明等のときは説明も承諾も不要） ④ 警察署長の判断にて可能 ⑤ 医師等に鑑定を嘱託して実施	① 令状の発付は不要 ② 遺族の承諾が原則的に必要 ③ 監察医等の判断にて可能 ④ 医師等に嘱託して実施

練習問題

Q
次のうち、正しいものには○、誤っているものには×を記せ。

(1) 変死体の発見報告を受けた警察署長は、自ら現場に赴いて検視するのが原則であるが、必要に応じ、司法警察員にこれを代行させることができる。これをいわゆる代行検視という。

(2) いわゆる行政検視とは、犯罪によるとの疑いが全くない不自然死体について公衆衛生等の行政目的から見分する手続である。

(3) 電気工事業者が電柱に登って電線を修理中、誤って足を踏みはずして道路上に墜落し死亡した。司法検視の対象とならない。

(4) 医師から「変死の疑いがある死体がある」との連絡を受けて代行検視のために同所に入ろうとしたところ、家人に拒否された。この場合、同所に立ち入るためには、令状を必要とする。

(5) 胸部を短刀で刺されて入院加療し、その後快方に向かったので退院したが、約2か月後にこの傷が化膿して死亡した。この場合、その死体は、司法検視の対象とならない。

(6) 殺人・過失致死など犯罪によることが明らかな死体は、直ちに検証、実況見分その他の捜査の対象となるので、検視の対象から除外される。

(7) 行政検視は、捜査そのものに属さないが、司法検視は、捜査そのものである。

(8) 検視に当たっては、立会い医師の検案所見に従わなければならない。

(9) 検視の際、必要最小限であっても、令状がなければ死者の着衣などを損壊してはならない。

解　答

× (1) 代行検視とは、検察官に代わって検視する場合をいう（法229条2項）。なお、司法巡査は、代行検視を行うことができない。

○ (2) 設問のとおり。

○ (3) 司法検視の対象となるのは「変死者」と「変死の疑いのある死体」である（法229条1項）。設問の死体は、不自然死であるが、犯罪によらないことが明らかな死体であるから変死者でなく、司法検視の対象とならない。

× (4) 検視には令状を必要としない。理由は、検視は捜査手続に属さないし、現に変死体が存在するという一種の緊急性に基づくからである。

× (5) 死因が単なる病死に過ぎない可能性があるが、死亡前に他人から傷害を受けた事実があるから、それが原因となっている可能性もあるので、変死の疑いのある死体に該当し、司法検視の対象となる。

○ (6) 変死者に含めるべきだとする反対説もあるが、通説は、設問のような見解を採っている。

× (7) いずれも捜査そのものには属さない。検証は捜査そのものであるので、これと混同しないこと。

× (8) 変死者の死亡が犯罪に起因するかどうかの判定は、検視者の権限であって、医師の所見を斟酌する必要があるが、拘束されるものではない。

× (9) 必要最小限度で死体の着衣を損壊すること等ができる。

3　検　視　25

論文対策

Q

A捜査係長は、救急隊員から「Y宅の物置小屋で、Yの長女Xが変死している」との連絡を受けた。Aは、代行検視のため、同小屋内に立ち入ろうとしたが、Yは「これは明らかに自殺である」と主張して立入りを拒否したが、果たして真実自殺であるかどうか不明である。

この場合、Aは、同小屋に立ち入って検視することができるか。

〔答案構成〕

1 結 論

A捜査係長は、令状がなくても、また、Yの承諾がなくてもその小屋に立ち入って変死体の検視をすることができる。

2 検視の意義と性質

○ 検視とは、死因が犯罪に起因するかどうかを判断するために五官の作用により死体の状況を調べる処分である。

○ 検視は、捜査そのものではない。

3 検視の対象

① 変死体
② 変死の疑いのある死体

4 検視に伴う処分行為

捜査手続に属さず、また、変死体の存在という緊急状態から令状なくして、次の処分を行うことができる。

① 変死体存在場所への立入り
② 変死体の検査
③ 所持品等の調査

5 事例の検討

○ Xの死体は、変死の疑いのある死体に当たる。
○ Yの承諾、令状なくして同小屋に立ち入ることができる。

出題ランク	1	2	3
★★★	/	/	/

4 告訴・告発・自首

組立て

告訴
- 告訴の意義
  告訴権者が捜査機関に対し、犯罪事実を申告して犯人の処罰を求める意思表示
- 告訴権者
  - 被害者
  - 法定代理人
  - 指定による告訴権者
- 方式とその受理
  - 書面又は口頭（法240条、241条1項）
  - 口頭の場合の調書作成（法241条2項）
  - 書類・証拠物の送付（法242条）
- 親告罪の意義・告訴期間
  告訴権者による告訴が訴訟条件

告発
- 告発の意義
  第三者が、捜査機関に対し犯罪事実を申告して犯人の訴追・処罰を求める意思表示
- 告発権者──法239条1項
- 告発義務者──法239条2項
- 告訴・告発不可分の原則

自首
- 自首の意義
  犯人が自ら捜査機関に対して自己の犯罪事実を申告し、刑事処分を求めることをいう
- 要件
  - ① 犯罪事実を捜査機関が認識していない
  - ② 犯罪事実認知後、犯人が不特定
- 方式とその受理

 要　点

1 告訴の意義

告訴とは、犯罪の被害者その他法律上告訴をすることができる一定の者（告訴権者）が、捜査機関に対し、犯罪事実を申告して犯人の処罰を求める意思表示をいう。

2 告訴権者（法230〜234条）

① **被害者**（法230条）　告訴権者は、原則として被害者である。被害者は、自然人に限られず、公私の法人も含まれる。
② **被害者の法定代理人**（法231条1項）　法定代理人は、独立して告訴することができる。
③ 被害者が死亡したときは、被害者の明示した意思に反しない限り、その**配偶者、直系の親族又は兄弟姉妹**（法231条2項）
④ 被害者の法定代理人が被疑者であるとき、被疑者の配偶者であるとき、又は被疑者の四親等内の血族若しくは三親等内の姻族であるときは、**被害者の親族**（法232条）
⑤ 死者の名誉を毀損した罪については、**死者の親族又は子孫**（法233条1項）。また、被害者が告訴をしないで死亡したときも、被害者の明示した意思に反しない限り、**死者の親族又は子孫**（法233条2項）
⑥ 告訴権者がないときには、**検察官が利害関係人の申立により告訴権者を指定する**（法234条）。

3 告訴の方式とその受理

方式	告訴は、告訴権者及び代理人が、書面又は口頭で、検察官又は司法警察員にしなければならない（法240条、241条1項）。
受理	○ 口頭による告訴を受けたときは、告訴調書を作成しなければならない（法241条2項、犯捜規64条1項）。 ○ 司法警察員が告訴を受理したときは、速やかに必要な捜査を行ったうえ、これに関する書類及び証拠物を検察官に送付しなければならない（法242条）。 ○ 司法巡査がこれを受けた場合は、直ちに司法警察員に引き継ぐ必要がある（犯捜規63条2項）。

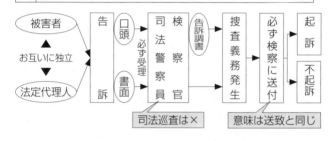

4 親告罪の意義・告訴期間

意義	親告罪とは、刑法その他の特別法に「本罪は告訴を待って論ずる」とされており、告訴権者による告訴が訴訟条件となっている犯罪をいう。 ○ 親告罪設置の理由は、被害者の名誉（名誉毀損罪）あるいは軽微であって処罰意思がない（器物損壊罪等）ことについての考慮にある。
告訴期間	親告罪の告訴期間は、犯人を知った日から6か月以内でなければならない。ただし、外国の代表者、外国使節が行う（名誉毀損・侮辱）告訴については制限はない（法235条）。

5 告発の意義

告発とは、告訴権者・犯人・捜査機関を除いた第三者が、捜査機関に対して犯罪事実を申告して犯人の訴追・処罰を求める意思表示である。

○ 一般的には捜査の端緒であるが特殊な犯罪（独占禁止法違反等）においては訴訟条件となる。

> 犯罪事実がまだ捜査機関に発覚しない前に、犯人が自ら自己の犯罪事実を捜査機関に申告する行為は、自首である。

6 告発権者

犯罪があると思料するときは、何人でも告発することができる（法239条1項）。

7 告発義務者

公務員は、その職務を行うことにより犯罪があると思料するときは告発しなければならない（法239条2項）。

> 公務員以外の者は、権利であって義務ではない。

8 告訴・告発不可分の原則

客観的不可分の原則	1個の犯罪事実の一部分について告訴・告発・その取消しがあった場合は、その効力は犯罪事実の全部について生じる。	わいせつ目的誘拐 ← 告訴 ↓ 強制わいせつ ← 強制わいせつにも及ぶ
主観的不可分の原則	共犯者の1人又は数人に対して告訴・告発・その取消しがあったときは、他の共犯者に対してもその効力が生じる（法238条1項）。	共犯者A ← 告訴 共犯者B ← 他の共犯者にも及ぶ

9 自首

意義	自首とは、犯罪事実が捜査機関に発覚する前、又は、犯罪事実が発覚しても犯人が捜査機関に判明する前に、犯人が自ら捜査機関に対して自己の犯罪事実を申告し、刑事処分を求めることをいう。
要件	① 犯罪事実を捜査機関が認識していない ② 犯罪事実認知後、犯人が不特定 の2つの場合に自首が成立する。
方式	犯人が書面又は口頭で、検察官又は司法警察員に対して行わなければならない（法241条1項、245条）。
受理	○ 自首を受けた場合は、管轄区域内の事件であるかを問わず、受理しなければならない（犯捜規63条1項）。また、受理の際は、自首調書を作成する必要がある（法241条2項、245条、犯捜規64条1項）。 ○ 司法警察員が受理した場合は、速やかに必要な捜査を行ったうえ、これに関する書類及び証拠物を検察官に送付しなければならない（法242条、245条）。 ○ 司法巡査がこれを受けたときは、直ちに司法警察員に引き継ぐ必要がある（犯捜規63条2項）。

Check! ①

訴訟条件としての告発

　告発は、一般的には、捜査の端緒となるにすぎないが、特殊な犯罪において訴訟条件とされる場合がある。

　例えば、
- ☐　独占禁止法における公正取引委員会の告発
- ☐　関税法における税関職員等の告発
- ☐　議院証言法における各議院、委員会等の告発
- ☐　国税通則法における国税局長又は税務署長等の告発
- ☐　公職選挙法における選挙人等による偽証罪

等がある。

Check! ②

告訴と告発の差異

□ 申告者

　告訴は、犯罪の被害者、被害者の代理人など一定の者が行わなければ、その効力がないが、告発は、何人でも（犯人若しくは告訴権者以外の第三者でも）犯罪があると思料すれば行うことができる。

　告発については、公務員はその職務を行うことにより犯罪があると思料するときは告発しなければならない義務があるが、告訴については、このような義務はない。

□ 訴訟条件

　告訴は、親告罪においては訴訟条件とされているが、告発は、特別の場合（例えば、独占禁止法96条、公職選挙法253条等）を除いては訴訟条件ではない。

□ 申告期間

　親告罪の告訴は、原則として犯人を知った日から6か月以内にしなければならないが（④：29頁参照）、告発にはこのような制限はない。

□ 代　理

　告訴は、代理人によっても行うことができるが、告発は、代理人によることはできない。

□ 取消し

　告訴の取消しは、公訴の提起があった後はすることができず、また、公訴の提起前であっても一度取り消した者は、再度、告訴することはできないが、告発はいつでも取り消すことができ、また、再告発もできる。

練習問題

Q

次のうち、正しいものには○、誤っているものには×を記せ。

(1) 告訴は、第1回の公判までは取り消すことができる。
(2) 親告罪の告訴は、検察官が起訴するための条件であるから、告訴以前の捜査は警察官として行っても差し支えない。
(3) 告訴の取消しをした者であっても、公訴が提起されるまでは再び告訴をすることができる。
(4) 書面に告訴状と書いていなくても記載内容が犯罪事実を申告して処罰を求めるものであれば、有効な告訴状といえる。
(5) 告訴調書は、参考人調書等と異なるから、告訴人への読み聞かせ、又は閲覧を省略することができる。
(6) 告訴事件が警察官から検察官へ送られてからでも、告訴人は司法警察員に対し、告訴の取消しができる。
(7) 被害者の法定代理人は、独立して告訴をすることができる。

(8) 親告罪の告訴は、犯罪事実を知った日から1年を経過するまではできる。
(9) 親告罪について、共犯者の1人に対して告訴がなされた場合、他の共犯者には、その効力が及ばない。
(10) 非親告罪の告訴については、捜査の端緒に過ぎないから、告訴期間の制限はない。
(11) 匿名の投書や密告などは告発とはいえない。
(12) 公務員は、その職務内容と関係のない犯罪であっても、犯罪があると思料するときは、告発しなければならない。

解 答

- × (1) 「公訴の提起があるまで」である（法237条1項）。
- ○ (2) 親告罪における告訴は公訴提起の要件であるが、捜査はその有無によって制約を受けることはない。
- × (3) 再び同一事実について告訴することはできない（法237条2項）。なお、この場合でも、固有の告訴権に基づき法定代理人はなお、告訴ができる。
- ○ (4) 告訴状には一定の形式がないから、内容において要件を充足していれば、有効な告訴状である。
- × (5) 告訴人への読み聞かせ又は閲覧は必要である（犯捜規179条2項）。
- ○ (6) 公訴の提起があるまで（起訴状が裁判所に到達するまで）取消しをすることができる。
- ○ (7) 法231条1項「独立して」とは、①被害者本人の明示・黙示の意思に拘束されることなく独自の判断で告訴できる、②被害者本人の告訴権が消滅しても告訴できるということである。
- × (8) 「犯人を知った日」から、「6か月」を経過するまでである（ただし、例外あり）。
- × (9) 告訴不可分の原則により、他の共犯者にもその効力が及ぶ（法238条1項）。
- ○ (10) 設問のとおり。

- ○ (11) 告発には告発人の表示が必要である。
- × (12) 公務員の告発義務は、あくまでも当該公務員の職務執行に当たり知り得た犯罪であって、それ以外の場合は告発義務はない。

4 告訴・告発・自首

論文対策

Q

A巡査は、深夜の警ら中、駐車中の自動車のフロントガラスを石塊で損壊している甲を現認し、現行犯逮捕した。ところが当該自動車の所有者Yが旅行中でその告訴の意思を確かめることができず、また、甲が黙秘しているため、その住居・氏名も分からない。この場合、Yの告訴がないまま甲を逮捕した行為は適法か。また、告訴のないまま甲を身柄付きで送致することができるか。

〔答案構成〕

1 結 論
A巡査の現行犯逮捕は適法である。また、告訴のないまま検察官へ身柄付きで送致することもできる。

2 親告罪の意義
「本罪は告訴を待って論ずる」と規定されている犯罪である。

3 親告罪における告訴
告訴は、非親告罪については捜査の端緒に過ぎないが、親告罪にあっては、更に訴訟条件(起訴条件)とされている。

4 告訴前の捜査
○ 告訴は訴訟条件に過ぎず犯罪の成否に無関係
○ 告訴がない段階でも捜査は許され、捜査の必要性・緊急性がある場合は、強制捜査も当然に要請される(犯捜規70条)。

5 事例の検討
A巡査には、直ちに捜査を行い、証拠を収集する高度な緊急性と必要性が認められるので、現行犯逮捕は適法である。

6 送致の可否
警察留置期間(48時間)内に、告訴意思が不明の場合でも身柄確保の必要性があれば、身柄送致が必要である。

出題ランク	1	2	3
★★	/	/	/

5 任意同行

組立て

```
         ┬ 概　念
         │   強制捜査以外の方法が任意捜査
         │
         │          ┬ 警職法上の任意同行
         │          │   警職法2条2項
         ├ 種　別 ──┤
         │          └ 刑事訴訟法上の任意同行
任         │              法198条1項
         │
意         │          ┬ 同行の時刻・場所
         │          │   早暁・深夜・著しい遠隔地は不適当
同         │          │
         │          ├ 同行の理由と同行先の告知
行         │          │   不安感を除くため
         │          │
         │  任意性を ├ 同行の方法
         │  確保する │   多人数の警察官、警察車両での同行は妥
         ├ ための留 │   当でない
         │  意事項  │
         │          ├ 任意同行の必要性の存在
         │          │   法196条
         │          │
         │          ├ 同行後の取調べ時間
         │          │   時間稼ぎと推測されないこと
         │          │
         │          └ 監視状況
         │              実質的逮捕と評価されぬ配慮
```

要 点

1 概 念

　法197条1項は、「捜査については、その目的を達するため必要な取調をすることができる。但し、強制の処分は、この法律に特別の定のある場合でなければ、これをすることができない。」と規定している。

　すなわち、捜査の方法は、①刑事訴訟法の規定による強制の処分と、②それ以外の方法とに大別され、①が「強制捜査」であり、②の強制捜査以外の方法が「任意捜査」である。

　任意同行には、警職法2条1項の職務質問に伴う同条2項に基づくものと、法198条1項に基づくものとがある。

2 種 別

	刑事訴訟法上の任意同行	警職法上の任意同行
条文根拠	198条1項	2条2項
目的	犯罪捜査	犯罪の予防・鎮圧
対象	被疑者	不審者・参考人的立場の者
要件	・逮捕に慎重を期す ・被疑者の名誉の保護 ・被疑者の経済的、身体的負担の軽減　等	・その場で質問をすることが不審者にとって不利である 　又は ・交通妨害になると認められる
手段	強制にわたる有形力の行使は許されない。強制手段に至らない有形力の行使は、任意捜査においても許容される範囲があるが、必要性、緊急性なども考慮した上で、具体的状況の下で相当と認められる限度において許容される。	

用件告知	・行先、用件を告知する。 ・取調べ開始の際、供述拒否権の告知義務がある。	・用件告知義務は通常の場合不要であるが、用件不明の場合は承諾がなかったとされるおそれがある。
同行時間	任意性確保のため、深夜から早朝の時間帯は避けるべきである。	質問を継続するために行うものであり、時間的制限は特にない。

3 任意性を確保するための留意事項

同行の時刻・場所

一般的に、深夜・早暁の同行、被疑者の現在地と距離的に著しく遠隔な場所への同行は、任意性を疑われる場合がある。

同行の理由と同行先の告知

行先・用件などを告げないで同行した場合には、被疑者を不安定な心理状態に置くことになり、結果として強制的に同行したと判断されるおそれがある。

同行の方法

同行警察官が多人数の場合や使用車両がパトカー等の警察車両の場合、それを理由に強制的な連行と認定されるおそれがある。

ワンポイント 被疑者が、寝巻姿、上半身裸等では、任意性に疑問を抱かせることにもなる。

任意同行の必要性の存在

逮捕権の慎重行使や被疑者の名誉尊重等のためという必要性がなく、逮捕に熟しているのに、あるいは逮捕状を準備しているのに逮捕しない場合は、手持ち時間の時間稼ぎと推測されるおそれがある。

同行後の取調べ時間

同行後、直ちに逮捕の手続をとらず、相当長時間にわたって取調べを行ったりすると、時間稼ぎの疑いを生じさせることになる。

監視状況

用便等にまで同行して監視の目をゆるめないという状況は、実質上の逮捕と評価されかねない。

参考判例

任意同行が違法とされた事例　新潟地高田支判昭42.9.26

被告人が路上で横になつてしまい「明日勤めがあるから帰してくれ」と同行を拒絶し、かつ、同所が午前4時すぎで人車の往来もなく、付近が通常の人家よりも公共的建物の多い、その時刻としては人気も少い場所である以上、挙動不審者を取り扱う警察官に許される行為としては横になつた被告人に対しそのままの状態で職務質問を行うか、またはあくまでも言語による説得によつて納得させ本署、派出所等への同行を承諾させることに限られたのであつて、被告人の意に反しその身体、着衣に手をかけて引き起し、連行を継続しようとすることはもはや許されなかつたものと解さなければならない。

任意同行が逮捕行為と見なされた事例　神戸地判昭43.7.9

K警察署の担当捜査官において被疑者に対し強制捜査の必要を認めて逮捕状の発付を得、それから被疑者を直ちに通常逮捕できる態勢にあったものであるところ、被疑者をその住居よりK警察署まで連行した際、令状請求当時不明であるとしていた被疑者の住居が一応判明したことを除いては、なお強制捜査の必要性につきさしたる事情の変更があったとは窺われず、また他に特段の事情が存在した証跡も窺われないのに、あえて同逮捕状を執行することなく、被疑者に対し「警察まで一寸来てくれ」と申し向けたのみで、行先も告げないまま、居合わせた警察官らにおいて被疑者を取り囲んだ状態でその居宅から連れ出し、更にタクシーに同乗させてK警察署まで連行したうえ、引き続き同警察署で被疑者の取調べを開始している。外形的には施錠その他被疑者の身体の自由を直接的に拘束するための手段はとられていないけれども、連行の態様やその前後の状況等に照らしてこれを実質的にみるならば、連行によってすでに本件捜査のため被疑者の身体の自由が拘束されるに至ったものというべく、関係捜査官の主観はどうであれ客観的には連行の際に

被疑者に対する逮捕行為が開始されたものと認めるのが相当である。

任意捜査の適法性　最決昭51.3.16

　捜査において強制手段を用いることは、法律の根拠規定がある場合に限り許容されるものである。しかしながら、ここにいう強制手段とは、有形力の行使を伴う手段を意味するものではなく、個人の意思を制圧し、身体、住居、財産等に制約を加えて強制的に捜査目的を実現する行為など、特別の根拠規定がなければ許容することが相当でない手段を意味するものであって、その程度に至らない有形力の行使は〔酒酔い運転の罪の疑いが濃厚な被疑者の同意を得て警察署に任意同行し、呼気検査に応じるよう説得を続けていたが……、被疑者が急に退室しようとしたため、その左斜め前に立ち、両手でその左手首をつかんだ行為〕、任意捜査においても許容される場合があるといわなければならない。ただ、強制手段に当たらない有形力の行使であっても、何らかの法益を侵害し又は侵害するおそれがあるのであるから、状況のいかんを問わず常に許容されるものと解するのは相当でなく、必要性、緊急性なども考慮したうえ、具体的状況のもとで相当と認められる限度において許容されるものと解すべきである。

練習問題

Q

次のうち、正しいものには○、誤っているものには×を記せ。

(1) 任意同行から逮捕までの時間を有効に活用して時間稼ぎをするのも捜査技術の一つであるから、逮捕を可能な限り遅らせるべきだとされている。

(2) 逮捕状を準備していたとしても、必ずしも執行する必要はないから、被疑者の立場や名誉等の保護のために、一旦任意同行することも許される。

(3) 任意同行といえども、被疑者が逃走を図らないとは限らないから、可能な限り多くの警察官により取り囲むようにして同行することが必要である。

(4) 任意同行の趣旨を詳しく説明すると被疑者が捜査内容を察知し、事後の捜査に支障が生じるので、なるべく趣旨説明を省略し、家族等との連絡もできるだけ断つように配慮する必要がある。

(5) 被疑者に任意同行を求める場合、おおむね午後10時から午前7時までの時間帯は、特別な事情がない限り、妥当ではない。

(6) 任意同行を求める際の警察官の態度が高圧的・命令的であったかどうかも任意性の認定材料となるので、これらの点にも配意する必要がある。

(7) 捜査員甲は、被疑者乙について逮捕状の発付を受けていたが、乙の健康上の理由や犯罪事実の確認のため、一旦警察署に任意同行を求めた。

(8) 任意同行に逡巡する被疑者に対しては、腕をつかむ等の有形力の行使もやむを得ない。

解　答

× (1) 任意同行から現実の逮捕までの時間を逮捕後の手持ち時間から除外しようとする、いわゆる時間稼ぎは、目的において不当な任意同行と推定される場合が多く、他の要素と合わせて違法とされる可能性が大である。

○ (2) 被疑者の名誉保全等のために、逮捕をせずに任意同行することも必要な場合があり、許されるとされている。

× (3) 多数の警察官で取り囲んでの同行は、実質的に逮捕と同視し得る強制が加えられたとの疑いがもたれ、任意性を否定されるおそれがある。

× (4) 任意同行の趣旨を説明しなかったり、家族等との連絡を断つような措置をとった場合には、被疑者を不安定な心理状態におくこととなり、結果として被疑者を強制的に同行したと判断されるおそれがあるので、これらの点にも配意する必要がある。

○ (5) 午後10時から午前7時頃までは、通常の日常活動に使用されない時間帯であるので、厳密ではないが、おおむねこの時間帯の任意同行は、被疑者の同意があったとしても、心理的な圧迫を加えたと推定されて、任意性を疑われるので、避けるのが妥当である。

○ (6) 設問のとおり。

○ (7) 任意同行を求める必要性のある場合で、法196条（捜査関係者に対する訓示規定）の趣旨に沿うものであると認められる。

× (8) 任意同行のために有形力を行使することは、実質的な逮捕とされる可能性が大である。

5　任意同行　43

 論文対策

Q

窃盗被疑者甲について逮捕状の発付を受けていたS警察署A捜査係長は、午前6時半頃に刑事Bと甲宅に赴き、「用があるから来てくれ」と申し向け、どこに行くのかとの甲の質問に答えないまま、パトカー乗務員2名と計4名で甲を取り囲んでパトカー後部座席にBとで挟むようにして乗車させ、同乗のうえS警察署に同行し、引き続き7時間余にわたって取り調べ、午後2時に至ってはじめて令状を示して逮捕した。
この場合の任意性確保の有無について論ぜよ。

〔答案構成〕

1 結 論
同行の任意性が否定されるおそれがある。

2 任意同行の法的根拠
法198条1項

3 事例の検討

(1) 同行の時刻
早暁午前6時半の任意同行は妥当ではない。

(2) 同行の理由と同行先の告知
いずれも不十分である。

(3) 同行の方法
私服2名、制服2名、計4名は多過ぎるし、パトカーでの同行は不適当である。取り囲んでの同行は、実質上の逮捕と評価されかねない。

(4) 同行後の取調べ
長時間であり、時間稼ぎの疑いを生じさせる。

出題ランク	1	2	3
★★	/	/	/

6 被疑者取調べ

 組立て

被疑者取調べ
- 意義
  - 法198条1項を根拠に、被疑者に出頭を求め、取調べすることができる捜査活動
- 供述拒否権の告知
  - 自己の意思に反して供述をすることは必要ない
- 供述拒否権の対象
- 告知の必要性を巡る諸問題
  - 自首〜供述拒否権告知の必要なし
  - 弁解録取
  - ポリグラフ検査〜供述拒否権告知の必要なし
- 告知方法
  - 原則：取調べを行うごとに告知
  - 特殊例
    - 同一取調べ官による接着した取調べの場合は、その都度告知の必要はない。
    - 参考人が被疑者に変じた場合は、その段階で告知
- 被疑者供述調書
  - 意義
  - 録取後の取扱い

6 被疑者取調べ 45

要　点

1 意　義
　被疑者取調べとは、捜査機関が被疑事実を明確にするため、被疑者に対して質問を発し、供述を求め、任意に聴き取る捜査活動のことをいう。法198条1項は「司法警察職員は、犯罪の捜査をするについて必要があるときは、被疑者の出頭を求め、これを取り調べることができる。」と規定している。

2 供述拒否権の告知
　被疑者の取調べに際して、法198条2項は「取調に際しては、被疑者に対し、あらかじめ、自己の意思に反して供述をする必要がない旨を告げなければならない。」とし、取調べの冒頭にて供述拒否権を告知しなければならないことを規定している。これは、憲法38条1項「何人も、自己に不利益な供述を強要されない。」の実質的保障である。

3 供述拒否権の対象
　自己に「不利益な」供述である。
　自己の名誉に不利であったり財産上の不利益になるような供述は、ここでいう自己に「不利益な供述」に当たらない。

　ワンポイント　氏名・年齢・職業・住居等のいわゆる人定事項も、不利益な供述に該当しないから、供述拒否権の対象とならない（最判昭32.2.20）。

4 告知の必要性を巡る諸問題

自首	自首は、被疑者から進んで取調べを求めるものであり、供述拒否権を放棄しているものと解すべきであるから、自首事件の取調べに当たり、告知する必要はない。
弁解録取	弁解録取(法203条1項、211条、216条)の手続は、取調べとは異なるから、弁解の録取に際し供述拒否権の告知は法律上の義務ではない。 　しかし、弁解の機会供与に引き続いて取調べを行うときは、あらかじめ供述拒否権を告知しなければならない。また、実務上供述の証拠保全を図る目的からも行い得る。
ポリグラフ検査	ポリグラフ検査自体は、被疑者の供述を得るための取調べそのものではないので、被疑者に対し、検査の同意を得るだけで足り、供述拒否権を告知する必要はない。

5 告知方法

原則	供述拒否権は、取調べを行うごとに告知するのが原則
特殊例	① 同一取調べ官によって接着して取調べが行われる場合で、被疑者が前に供述拒否権の告知を受け、その効果が残存していると認められる場合には、その都度告知する必要はない。 　しかし、取調べ官が交代した場合、別件の取調べ、相当期間取調べを中断した後に再開する場合などには必要。 ② 参考人として取り調べている過程で、その参考人に対する犯罪容疑が濃厚となり、被疑者として取り調べる必要が生じた場合には、その段階で供述拒否権を告知する必要がある。

6 被疑者供述調書

意義	被疑者が供述したときは、その供述を調書に録取することができる（法198条3項）。取調べを行ったときは、特に必要がないと認められる場合を除き、被疑者供述調書を作成しなければならない。
録取後の取扱い	・録取後はその調書を被疑者に閲覧させ、又は読み聞かせて、誤りがないかどうかを問わなければならない（法198条4項）。 ・被疑者が増減変更の申立てをした場合は、その供述の内容を調書に記載しなければならない（法198条4項）。 ・被疑者が調書に誤りのないことを申し立てたときは、これに署名押印することを求めることができる。ただし、被疑者がこれを拒絶したときは強制できない（法198条5項）。 ・前記の措置に加え、被疑者が供述調書の各頁の記載内容を確認したときは、それを証明するために欄外に署名又は押印を求めること（犯捜規179条3項）。

参考判例

供述拒否権に氏名は含まれるか　最判昭32.2.20

いわゆる黙秘権を規定した憲法38条1項の法文では、単に「何人も自己に不利益な供述を強要されない。」とあるに過ぎないけれど、その法意は、何人も自己が刑事上の責任を問われる虞ある事項について供述を強要されないことを保障したものと解すべきであることは、この制度発達の沿革に徴して明らかである。されば、氏名のごときは、原則としてここにいわゆる不利益な事項に該当するものではない。

同一事件、同一検事による供述拒否権の告知　最判昭28.4.1

第1回供述調書には、検事が同女を取調べるにあたり、あらかじめ刑訴198条2項に従って供述を拒むことができる旨告げたという記載がある。第2回の取調べは、それから8日の後になされたのであるが、同一の犯罪につき、同一の検事によってなされた取調べであるから、同女はこの時には供述を拒み得る

ことを既に充分知っていたものと認められる。このような場合には、あらためて検事から供述拒否権のあることを告知しないでも、刑訴198条2項に違反するものとは言えない。

ポリグラフ検査における供述拒否権の必要性
東京高決昭41.6.30

　ポリグラフ検査とは、一般に人間が意識的に真実を蔽い隠そうと努力する場合には、それに伴って非常に微妙な精神的動揺が発生し、相伴って人体の内部に生理的変化ないし身体的反応を惹起することに着眼し、そのうち比較的記録し易い呼吸波運動、皮膚電気反射（皮膚電気反応ともいう）及び血圧と脈搏の変化（心脈波という）をポリグラフ（同時記録器）を以て同時に記録する方法により、検査者は被検者に対して諸々の質問を発し、質問を受けた被検者の呼吸波運動、皮膚電気反射及び心脈波の記録を検討し、被検者が意識的に真実を蔽い隠そうと努力しているかどうかを検定する一種の心理検査若しくは心理鑑定である。よって、被検者が検査者の質問に対して答弁をすることは検査上必要なことではなく、たとい答弁をした場合においても、これをそのまま該答弁内容の真実性を証明するための供述証拠として使用するのではなく、その際の心理検査の結果を非供述証拠として使用するに過ぎないものと認められるから、ポリグラフ検査を行うこと自体が直ちに被疑者たる被検者の供述拒否権を侵害し、憲法第38条第1項の趣旨に反し、刑事訴訟法第198条第2項に違反するものとはにわかに断じ難い。

練習問題

Q

次のうち、正しいものには〇、誤っているものには×を記せ。

(1) 巡査が下調べとして被疑者の取調べを行ったのち、捜査係長が本調べとして被疑者供述調書を作成する場合には、捜査係長が供述拒否権を告知すればよい。

(2) 供述拒否権は、任意捜査として被疑者を取り調べる場合には、これを告知する必要がない。

(3) 身柄拘束中の被疑者を、他の事件の参考人として取り調べる場合であっても、被疑者としての身分を有しているので供述拒否権を告知する必要がある。

(4) 氏名等の人定事項を開示することによって、被疑者が犯人であること、被疑者に前科があること等が判明するような場合には、人定事項も供述拒否権の対象となることがある。

(5) 供述拒否権を告知して第1回目の取調べを行ってから8日後に第2回目の取調べを行った場合には、あらためて供述拒否権の告知をする必要はない。

(6) 供述拒否権告知の制度は、取り調べられる被疑者を心理的な圧迫感から解放して、供述の任意性を確保するためと、取調官に自白強要をしないように自戒させるための制度である。

(7) 自首してきた被疑者から自首調書を作成する場合でも、供述拒否権を必ず告知しなければならない。

(8) 逮捕された被疑者に弁解の機会を与え、弁解録取書を作成する場合には、供述拒否権を告知する法的義務はない。

(9) 警察官が不審者に対して職務質問をする場合には、供述拒否権を告知する必要はない。

解 答

× (1) 告知は、必ず取調べの前に行わなければならないので、実務上行われる下調べの段階においても、当然、告知しておくことが必要である。

× (2) 任意・強制の別なく、被疑者として取り調べる場合には、あらかじめ供述拒否権を告知しなければならない。

× (3) 供述拒否権の告知は、被疑事実について被疑者として取り調べる場合に行うべきものであるので、たとえ別件事件の被疑者であっても、参考人として取り調べる場合には、告知の必要はない。

○ (4) 判例は、氏名のような人定事項は、原則として憲法38条1項の不利益な供述に該当しないとしているが、例外として本肢のような場合には、供述拒否権の対象となると解されている。

○ (5) 同様事案について「法198条2項に違反するとはいえない」とした判例（最判昭28.4.14）がある。しかし、実務上は、あらためて供述拒否権を告知しておく方が無難であり、妥当と思われる。

○ (6) 設問のとおり。憲法38条1項「何人も、自己に不利益な供述を強要されない。」という規定からの当然の要請ではなく、同条の精神をより実質的に保障するために設けられた制度である。

× (7) 自首調書は、犯人が誰であるかわからない段階での、自分が犯人であると申告してきた者の申告をそのまま書くもの。よって、供述拒否権の告知は不要。ただし、被疑者供述調書で申告の内容を追及するなどの場合は、取調べと同一視されることから、たとえ自首犯人であろうとも、供述拒否権の告知は必要。

○ (8) 留置要否の判断をするためであり、取調べとは異なるから告知の法的義務はない。

○ (9) 警察作用であり、取調べという捜査そのものではないから告知の必要はない。

6　被疑者取調べ　51

論文対策

Q

S警察署の捜査係長Aは、交番勤務員が逮捕してきた窃盗犯人甲の下調べをする際、うっかり供述拒否権の告知をするのを忘れて取調べを行ったが、甲の自供が得られたので、これを調書に録取する際に、あらためて「自己の意思に反して供述する必要がない」と告げて、その旨を調書に記載した後、供述内容を録取した。

この場合、当該供述調書の証拠能力について論ぜよ。

〔答案構成〕

1 結論

「任意性を欠くものと速断することができない」とする判例もあるが、下調べに先立ち供述拒否権を告知するべきである。

2 供述拒否権の意義

司法警察職員等は、被疑者の取調べに際しては、被疑者に対し、あらかじめ、自己の意思に反して供述する必要がない旨を告げなければならない（法198条2項）。

3 告知時期

捜査機関が被疑者を取り調べるに際して、それに先立つ時期

4 証拠能力

判例（最判昭25.11.21）は、「捜査機関がその取調べに際し黙秘権のあることを告知しなかったからとて、この取調べに基づく被疑者の供述が任意性を欠くものと速断することはできない」としている。

5 事例の検討

○ 下調べも取調べである。

○ 証拠能力が否定される場合もあるので、下調べの段階で告知しておく必要がある。

出題ランク	1	2	3
★★★	/	/	/

7 取調べの録音・録画

組立て

取調べの録音・録画
├─ 制度
│ ├─ 意義
│ │   被疑者の取調べ、弁解録取における録音・録画
│ ├─ 対象事件
│ │   法301条の2第1項1号～3号
│ └─ 例外事由
│   法301条の2第4項1号～4号
└─ 実施上
   ├─ 対象となる取調べ等
   ├─ 精神に障害を有する被疑者への取調べ等
   └─ その他の取調べ等

7 取調べの録音・録画 53

要点

1 意 義

取調べの録音・録画は、被疑者の取調べ又は弁解録取手続において、被疑者の供述及びその状況を、録音・録画して記録媒体に記録すべきことを義務付ける制度をいう。この制度はこれまでも試行されてきたところ、令和元年6月1日、刑事訴訟法等の一部を改正する法律(平成28年法律第54号)が施行され、法301条の2の規定により本実施されることとなった。

同時に、犯捜規及び通信傍受規則の一部を改正する規則(平成31年国家公安委員会規則第6号)による改正後の犯捜規により、逮捕・勾留されている被疑者が精神に障害を有する場合に取調べを行うときなどに、被疑者の供述及びその状況を録音・録画するよう努めなければならないこととなった。

2 録音・録画制度の対象事件

① 死刑又は無期の懲役若しくは禁錮に当たる罪に係る事件
② 短期1年以上の有期の懲役又は禁錮に当たる罪であって故意の犯罪行為により被害者を死亡させたものに係る事件

上記事件について、逮捕・勾留されている被疑者の取調べ又は被疑者に対する弁解録取手続を行う際は、例外事由に該当する場合を除き、録音・録画しなければならない(法301条の2、犯捜規182条の3第1項)。

③ 検察官の独自捜査事件(司法警察員が送致し又は送付した事件以外の事件)

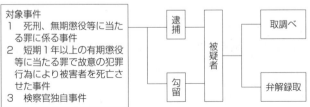

3 例外事由（法301条の2第4項1号〜4号）

例外事由

- 1号（記録不能）

    記録に必要な機器の故障その他のやむを得ない事情により、記録をすることができないとき。

    客観的に見て「録音・録画ができない」状態でなければならない。例えば、警察署に使用できる機材がない場合や、通訳人が録音・録画されることを拒否し、他の通訳人が見つからない場合などを言い、単に捜査官の操作ミスはこの事由に該当しないと考えられる。

- 2号（被疑者の拒否等）

    被疑者が記録を拒んだことその他の被疑者の言動により、記録をすると被疑者が十分な供述をすることができないと認めるとき。

    被疑者が「録音・録画」を拒否することであり、犯意を否認したり、黙秘していることはこれに該当せず、また単に、拒否しただけでもここに言う拒否には該当しない。拒否した場合、録音・録画の開始時に被疑者の同意は必要ないが、この被疑者が拒否している状況を、録音・録画し、例外事由に該当するかどうかの立証材料としておく必要がある。

- 3号（指定暴力団関連事件）

    当該事件が指定暴力団員による犯罪に係るものであると認めるとき。

    「加害や報復のおそれ」は要件になっておらず、事件自体の組織的背景も要件となっていない。

- 4号（被疑者等への加害等のおそれ）

    被疑者の供述及びその状況が明らかにされた場合には被疑者若しくはその親族の身体若しくは財産に害を加え、又はこれらの者を畏怖・困惑させる行為がなされるおそれがあることにより、記録をすると被疑者が十分な供述をすることができないと認めるとき。

    被疑者の具体的言動等は要件とされておらず、客観的な状況から加害行為等がなされるおそれがあることが認定されればよい。

7 取調べの録音・録画

4 録音・録画制度の対象となる取調べ等

逮捕・勾留されている被疑者の取調べ又は弁解録取手続が制度対象事件についてのものである場合、司法警察職員に全過程の録音・録画の義務が課せられる。この全過程とは、取調べ又は弁解録取手続の開始から終了までを指す（法301条の2第4項）。したがって、

○ 制度対象事件以外の事件で逮捕・勾留されている被疑者を取り調べるとき

○ 制度対象事件以外の事件で逮捕されている被疑者に対し弁解の機会を与えるとき

であっても、取調べが制度対象事件に及ぶ見込みがある場合については録音・録画を行うこととなる。

(ワンポイント) 録音・録画の実施等の留意事項

録音・録画の実施に際しては、被疑者に録音・録画をすることを告知すること。また制度対象事件には、未遂罪を適用する場合も含まれ、逮捕・勾留されている被疑者には、勾留に代わる観護措置がとられて少年鑑別所に収容されている者を含む。

5 精神に障害を有する被疑者に係る取調べ等の録音・録画

逮捕・勾留されている被疑者が精神に障害を有する場合であって、その被疑者の取調べ又は弁解録取手続を行う際は、必要に応じ、取調べ等の録音・録画を実施するよう努めなければならない（犯捜規182条の3第2項）。

よって言語によるコミュニケーション能力に問題があり、又は取調べ官に対する迎合性や被誘導性が高いと認められるものについては、事件における証拠関係、被疑者に与える精神的負担や供述への影響等を総合的に勘案したうえで、可能な限り広く取調べ又は弁解録取手続の録音・録画を実施することとなる。

6 その他の録音・録画

上記に該当しない場合の録音・録画については、個別の事案ごとに、被疑者の供述状況、供述以外の証拠関係等を総合的に勘案しつつ、録音・録画を実施する必要性がそのことに伴う弊害を上回ると判断されるときに実施することができる。

 練習問題

Q

次のうち、正しいものには〇、誤っているものには×を記せ。

(1) 録音・録画の対象事件は、裁判員裁判対象事件と検察官の独自事件とされているが、この事件以外は一切該当しない。

(2) 制度対象事件であっても、逮捕・勾留されていない被疑者を取り調べるときや起訴勾留中の被告人を取り調べるときは、録音・録画の義務はない。

(3) 殺人罪や保護責任者遺棄致死罪での立件を見据えて、死体遺棄罪で取調べに着手する場合は、制度対象外事件の取調べであっても、録音・録画を実施する。

(4) 例外事由に被疑者の拒否があるが、単に被疑者が拒否しただけでも、この事由に該当する。

(5) 当該事件が指定暴力団員による犯罪に係るものであると認めるときは、例外事由に当たるところ、被疑者又は共犯者全員が指定暴力団の構成員である必要はない。

(6) 録音・録画制度では、公判において、検察官が被疑者供述調書等の証拠調べを請求し、その任意性が争われた場合には、検察官は、その調書が作成された取調べの録音・録画記録を提出しなければならない。

解　答

× (1)　厳密には、裁判員裁判対象事件ではない、内乱事件の一部も含まれている（一審が高等裁判所であるため。）。

○ (2)　また、録音・録画を実施する必要性がそのことに伴う弊害を上回ると判断されるときは、録音・録画を実施することができる。

○ (3)　これらの取調べについては、一般的に録音・録画義務の対象となる取調べと対象とならない取調べとが混在することから、基本的に録音・録画を実施することとなる。

× (4)　被疑者の拒否等の言動から、記録をしたならば被疑者が十分な供述をできないと認めるときに、初めて該当となる。

○ (5)　被疑者又は共犯者のうち1名以上が、指定暴力団の構成員であればよい。また、犯行時に指定暴力団の構成員である場合に適用が可能である。

○ (6)　正しい。検察官が、その調書が作成された取調べの録音・録画記録を提出できなければ、裁判所は、当該調書の証拠調べ請求を却下しなければならないとされている。

論文対策

Q

X署では重症強盗傷害事件で緊急配備をし、関係者と思われる甲を発見したことから、任意同行を求め、取調べを開始した。

その後、犯行を自供した甲の逮捕状を請求し、逮捕状を示したうえで弁解の機会を与え、その後被疑者として取調べを実施することとした。一連の取調べにおける録音・録画について注意点を述べよ。

〔答案構成〕

1 結 論

任意取調べ中は、録音・録画の必要はないが、その後、逮捕し強盗傷害事件の被疑者として取調べを行う際は、録音・録画を実施するのが妥当である。

2 制度対象事件

○ 死刑又は無期の懲役若しくは禁錮に当たる罪に係る事件
○ 短期1年以上の有期の懲役又は禁錮に当たる罪であって

故意の犯罪行為により被害者を死亡させたものに係る事件に掲げる事件について、逮捕・勾留されている被疑者の取調べを行うとき又は被疑者に対し弁解の機会を与えるときは、例外事由に該当する場合を除き、録音・録画しなければならない。

3 例外事由

① 記録不能
② 被疑者の拒否等
③ 指定暴力団関連事件
④ 被疑者等への加害等のおそれ

4 本事件における検討

任意捜査の段階での取調べについては、
○ 逮捕・勾留されている被疑者の取調べではない
ことから、取調べにおける録音・録画の必要はない。

逮捕後については、強盗傷害事件は制度対象事件ではないも

のの、
 ○ 重症強盗傷害事件であり、その後、被疑者が死亡した際は強盗致死事件となる

ことを念頭に、制度対象事件以外の被疑者（強盗傷害）であっても制度対象事件に及ぶ見込み（強盗致死事件）がある取調べに該当することから、弁解録取の段階から、録音・録画を実施することが妥当である。

	出題ランク	1	2	3
	★★	/	/	/

8 通常逮捕

 組立て

- 通常逮捕
  - 意義
    - 裁判官のあらかじめ発する逮捕状による
  - 要件
    - 実質的要件（法199条2項）
      - 逮捕の理由
      - 逮捕の必要性
    - 形式的要件（法199条2項）
    - 加重的要件（法199条1項ただし書）
  - 逮捕状の請求手続
    - 請求権者
      - 検察官、指定司法警察員（法199条2項）
    - 請求先
      - ○原則：請求者の所属官公署の所在地を管轄する地方裁判所又は簡易裁判所
      - ○例外：最寄りの下級裁判所の裁判官
  - 逮捕状請求書の記載要件（規則142条）
  - 逮捕状の執行手続──逮捕状の提示（法201条1項）

要 点

1 意 義

捜査機関は、被疑者が罪を犯したことを疑うに足りる相当な理由があるときは、裁判官のあらかじめ発する逮捕状により、これを逮捕することができる(法199条1項)。これを通常逮捕という。

2 実質的要件(法199条2項)

逮捕の理由	逮捕の理由とは、「罪を犯したことを疑うに足りる相当な理由」のことである。 裁判所が有罪判決をしたり、検察官が起訴したりするのに必要な程度の嫌疑や証拠資料の存在は必要でない。 **ワンポイント** 緊急逮捕の場合の「充分な理由」ほどの高度の嫌疑性を必要としない。
	「罪」とは
	警職法にいう「何らかの犯罪」ではなく、特定の犯罪の構成要件を充足する行為であることを要する。
	「相当な理由」とは
	犯罪の嫌疑を肯定し得る合理的根拠のあることをいう。すなわち、経験則に照らして客観的・合理的に信用できる程度に犯罪の嫌疑があることが必要である。
逮捕の必要性	逮捕の必要性の有無とは、被疑者が逃亡し又は罪証を隠滅するおそれがあるかどうかということである。 逮捕状の請求を受けた裁判官は、逮捕の理由があると認める場合においても、「被疑者が逃亡するおそれがなく、かつ、罪証を隠滅するおそれがない等明らかに逮捕の必要がないと認めるとき」は、逮捕状の請求を却下しなければならない(規則143条の3)。 逮捕の必要性を判断するに当たっては、被疑事件の性質(種類、軽重、態様等)と被疑者の個人的事情(年齢、境遇、心身の状況等)を考慮しなければならない。

「逃亡」とは
被疑者が刑事責任を免れる意思で捜査機関及び裁判所に対し所在不明になることをいう。
「罪証の隠滅」とは
当該被疑事件の犯罪事実の成立を証明することができる一切の人証及び物証を隠匿したり、毀棄したりすることをいう。

3　形式的要件（法199条2項）

　請求権者が裁判官に対し、逮捕状を請求し、その発付を受けることが必要（形式的要件）である。

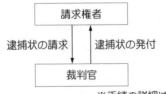

※手続の詳細は、66頁参照

4　加重的要件（法199条1項ただし書）

　30万円（刑法、暴力行為等処罰法、経済関係罰則整備法以外の罪については、当分の間、2万円）以下の罰金、拘留又は科料に当たるいわゆる軽微犯罪の被疑者について、通常逮捕状の発付を請求する場合には、逃亡又は罪証隠滅のおそれがあることのほか、

　○　被疑者が定まった住居を有しないこと
　○　正当な理由なく任意出頭の求めに応じないこと

という要件のうち、いずれか一方の要件がなければならない（法199条1項ただし書）。

5 逮捕状の請求手続

| 請求権者
法199条2項 | 検察官、指定司法警察員 |

- 逮捕状請求書（規則139条、142条）
- 疎明資料：被害届、参考人供述調書、捜査報告書等（規則143条、犯捜規122条1項）

  事件内容を知っている捜査官（犯捜規123条1項）

請求先 規則299条1項	原則	請求者が所属する官公署の所在地を管轄する地方裁判所又は簡易裁判所の裁判官
	例外	やむを得ない事情がある場合は、最寄りの下級裁判所の裁判官でも可

6 逮捕状請求書の記載要件（規則142条）

逮捕状請求書の記載要件
- 被疑者の氏名、年齢、職業及び住居
- 罪名及び被疑事実の要旨
- 被疑者の逮捕を必要とする事由
- 請求者の官公職氏名
- 請求者が警察官たる司法警察員であるときは、法199条2項の規定による指定を受けた者である旨
- 7日を超える有効期間を必要とするときは、その旨及び事由
- 逮捕状を数通必要とするときは、その旨及び事由
- 同一の犯罪事実又は現に捜査中である他の犯罪事実についてその被疑者に対し前に逮捕状の請求又はその発付があったときは、その旨及びその犯罪事実

※被疑者の氏名が不明：人相、体格その他特定する事項で足りる。
※被疑者の年齢、職業、住居が不明：その旨の記載で足りる。

7 逮捕状の執行手続

| 逮捕権者 | 検察官、検察事務官、司法警察職員 |

↓ 逮捕状の提示（法201条1項）

被疑者

〈逮捕状の提示の要点〉

通常逮捕する際は、逮捕状を被疑者に示さなければならない（法201条1項）。これは、被疑者に逮捕状の内容を理解する機会を与えるものという趣旨である。

程度	被疑者が逮捕の理由を知ることができる程度で足り、逮捕状の複写等の要求に応じる必要はない。 　逮捕状のコピーを提示する行為は、法の「逮捕状を示した」に当たらない。令状の性質上、原本にのみ効力があり、コピーには効力が及ばない。
時期	原則：逮捕前に行うことが原則
	例外：被疑者が逃走したり、第三者が逮捕を妨害したりするなど、逮捕状を提示する時間的な余裕がない場合には、必ずしも事前に逮捕状を提示する必要はなく、逮捕後、逮捕に密着した時期に提示すれば適法となる。

ワンポイント 提示後に逃走された場合

逮捕着手（提示）後、被疑者に逃走され、逮捕が完了しなかった場合は、当該令状の目的が達成されていないため、効力は消滅せず、同一の逮捕状で再び被疑者を逮捕できる。

ただし、逮捕完了後に逃走された場合は、当該令状の目的は達成しており、効力は消滅しているため、別途令状が必要となる。

練習問題

Q

次のうち、正しいものには〇、誤っているものには×を記せ。

(1) 被疑者が罪を犯したことを疑うに足りる相当な理由という場合の「罪」は、警職法2条1項の「何らかの犯罪」に等しい。

(2) 「相当な理由」は、逮捕状請求時に必要であるだけでなく、逮捕状発付時も必要とする。

(3) 逮捕の必要性の判断は、専ら捜査機関においてなすべきであり、裁判官にはその判断権はない。

(4) 「相当な理由」とは、特定の犯罪の嫌疑を肯定できる客観的・合理的な根拠があることをいうから、緊急逮捕の場合の「充分な理由」と同程度である。

(5) 逮捕の必要性の判断基準は、被疑者の「逃亡するおそれ」、「罪証を隠滅するおそれ」、又は「これに準ずる理由」の存否である。

(6) 被疑者が高齢であったり、年少であったりした場合は、事案が特に悪質・重大でない限り、逮捕の必要性を少なくする資料となる。

(7) 逮捕状の請求を受けた裁判官は、逮捕の必要がないと認めるときには逮捕状の請求を却下しなければならない。

(8) 被疑者には出頭を拒む権利があるが、正当な理由のない不出頭が数回重なった場合には、逮捕の必要性の根拠にすることができる。

(9) 共犯者があること、犯罪の規模が大であること、犯行の方法が複雑巧妙であること等は、逮捕の必要性を高める事情であるといえる。

解 答

× (1) 「何らかの犯罪」ではなく、特定の犯罪でなければならない。

○ (2) 「相当な理由」は、通常逮捕の実質的要件であるから、常に必要であり、逮捕状請求時、発付時のみならず、それを執行する場合においてもこの要件が必要である。

× (3) 「明らかに逮捕の必要がないと認めるとき」は、逮捕状の請求を却下できるとあり（法199条2項ただし書）、裁判官の判断権が明文化されている。

× (4) 客観的・合理的に相当高度に嫌疑が認められなければならないが、緊急逮捕の場合の「充分な理由」程の高度の嫌疑性があることを要しない。

○ (5) 逮捕状の請求を受けた裁判官は、逮捕の理由があると認められる場合においても、被疑者の年齢及び境遇並びに犯罪の軽重及び態様その他諸般の事情に照らし、被疑者が逃亡するおそれがなく、かつ、罪証を隠滅するおそれがない等明らかに逮捕の必要性がないと認めるときは、逮捕状の請求を却下しなければならない（規則143条の3）と、その基準を定めている。

○ (6) 設問のとおり。

○ (7) 「明らかに」逮捕の必要性がないときは、逮捕状の請求を却下しなければならない（規則143条の3）。

○ (8) 不出頭という事情は直ちに逮捕の必要性を形成するものではないが、それらが積み重なれば、その根拠となり得る。

○ (9) 設問のとおり。

論文対策

Q

S警察署A捜査係長は、占有離脱物横領事件の被疑者甲を取り調べる必要があるため出頭を求めたが、甲がこれに応じない。

この場合、A捜査係長は、甲に逮捕の必要性があるとして逮捕状の請求をすることの可否について論ぜよ。

〔答案構成〕

1 結論

ただ1回の不出頭を理由に逮捕状を請求すべきでないが、5、6回、特に「正当な理由のない」不出頭であることが明らかなときは3回位の不出頭をまって逮捕状を請求するのが妥当と思料する。

2 通常逮捕の実質的要件

① 逮捕の理由
② 逮捕の必要性
   「逃亡」、「罪証隠滅」のおそれ

3 出頭要求と出頭拒絶権

(1) 出頭要求
   法198条1項本文
(2) 出頭拒絶権
   法198条1項ただし書

4 不出頭と逮捕の必要性

○ ただ1回位の不出頭は、逮捕の必要性の根拠となり得ない。
○ 実務的には、5、6回、特に「正当な理由のない」不出頭であることが明らかな場合は3回位

	出題ランク	1	2	3
	★★	/	/	/

9 逮捕状の緊急執行

組立て

逮捕状の緊急執行

- **意義**
  逮捕状を所持しておらず、急速を要する場合は、被疑者に被疑事実の要旨及び逮捕状が発せられていることを告げ、逮捕することができる

- **法的根拠**
  - 法201条2項
  - 法73条3項

- **要件**
  - 逮捕状を所持しないため、これを示すことができない場合であること
  - 急速を要するときであること
  - 被疑事実の要旨及び逮捕状が発せられている旨を告げること
  - 逮捕後、逮捕状は、できるだけ速やかに示さなければならないこと

9 逮捕状の緊急執行 71

 要 点

1 逮捕状の緊急執行の意義

逮捕状により被疑者を逮捕するには、被疑者に逮捕状を示さなければならないが(法201条1項)、逮捕状を現実に所持していない場合において、急速を要するときは、被疑者に対し、被疑事実の要旨及び逮捕状が発せられている旨を告げて、これを逮捕することができる。これを逮捕状の緊急執行という。

この場合には、逮捕後できる限り速やかに逮捕状を被疑者に示さなければならない。

2 法的根拠

| 法201条2項 | 「第73条第3項の規定は、逮捕状により被疑者を逮捕する場合にこれを準用する。」と規定している。 |

 準用

| 法73条3項 | 「勾引状又は勾留状を所持しないためこれを示すことができない場合において、急速を要するときは、前2項の規定にかかわらず、被告人に対し公訴事実の要旨及び令状が発せられている旨を告げて、その執行をすることができる。但し、令状は、できる限り速やかにこれを示さなければならない。」と規定している。 |

3 緊急執行の要件

① 逮捕状を所持しないため、これを示すことができない場合であること

これの前提として、有効な逮捕状が既に発付されていることが必要である。

② 急速を要するときであること

逮捕に着手するまでの間に逮捕状を入手するいとまのないほど緊急な場合であることである。

例えば、その所在を転々としている被疑者の立回り先と目される数箇所に数班の捜査員が派遣されたところ、たまたま逮捕状を所持しない班が被疑者を発見したとか、警ら中の警察官が職務質問中に偶然指名手配中の被疑者を発見したという場合がこれに当たる。

③ 被疑事実の要旨及び逮捕状が発せられている旨を告げること

被疑事実の要旨を告知する趣旨は、被疑者に対し理由なく逮捕するものでないことを理解させるために行うものであるからその程度で足りる。

(ワンポイント) 単に罪名を告げるだけでは不十分で、ある程度の内容を必要とする。

逮捕に着手するときの具体的状況下で、告知の時間的余裕がない場合とか、告知によって逮捕が不能になるおそれがある場合には、告知しないで逮捕することが許されるかどうかであるが、法は不能を強いるものでないから、告知を省略して逮捕に着手し、逮捕後に告知することが許される。

④ 逮捕後、逮捕状は、できるだけ速やかに示さなければならないこと

比較的ゆるやかな規定となっているのは、遠隔地での逮捕等で令状提示に相当の時間がかかる場合を予想したためである。令状提示は逮捕手続の適法要件であるので文字どおり「できるだけ速やかに」行う必要がある。

練習問題

Q

次のうち、正しいものには○、誤っているものには×を記せ。

(1) 逮捕状の緊急執行の前提条件は、既に発付されている逮捕状を現実に所持していなかったことと、急速を要するときであったことの二つである。

(2) 告知すべき被疑事実の要旨の程度は、理由のない逮捕でないことを被疑者に知らしめればよいのであるから、一般的には罪名を告知すれば足りる。

(3) 告知によって逮捕が不能になるおそれがある場合には、被疑事実の要旨及び逮捕状が発せられている旨を告げないで逮捕に着手することが許される。

(4) 緊急執行後の逮捕状の提示は、必ずしも逮捕手続の適法要件ではないので、逮捕行為が実質的に適正・妥当であれば、提示しなくても違法とはならない。

(5) 緊急執行ができるのは、逮捕状に緊急執行ができる旨の記載がある場合に限る。

(6) 10月7日に指名手配被疑者を緊急執行手続により逮捕した。逮捕状は、有効期間7日間で9月30日に発付されたものであった。この場合、被疑者を釈放しなければならない。

(7) 逮捕状を請求中の段階であっても、急速を要する場合は、緊急執行ができる。

(8) 逮捕に行く途中逮捕状を紛失したが、急速を要する場合であれば緊急執行により逮捕できる。

(9) 逮捕状の緊急執行を行う場合における被疑事実の要旨の告知は、被疑者を逮捕して留置した後でよい。

解 答

- ○ (1) 「逮捕状を現実に所持していない場合において急速を要するとき」(法201条2項、73条3項)とあるから、正しい。
- × (2) 単に罪名だけを告知したに過ぎない場合は、罪名を告げただけで直ちに被疑者が被疑事実の内容を察知することができるような特別な場合を除き、一般的には被疑事実を告げたことにはならないとされている。
- ○ (3) 告知は厳格な要件であるが、法は不能を強いるものではないから、告知の時間的余裕がないとか、告知によって逮捕が不能になるおそれがあるような特別な状況下では、告知を省略して逮捕に着手し、逮捕後に告知することが許されるとされている。
- × (4) 逮捕状の提示は、逮捕手続の適法要件であり、逮捕状の緊急執行をしたのに事後に逮捕状の提示をしなければ、その逮捕手続は違法となるとされている。
- × (5) 逮捕状には、そのように記載されることはないし、その必要もない。
- × (6) 有効な緊急執行であり、被疑者釈放の必要はない。逮捕状の有効期間は、他の令状と同じく、令状発付の日から7日間が原則である。この場合、初日は不算入となるから(法55条)、発付日の9月30日は不算入となるので、10月7日まで有効である。
- × (7) 逮捕状の存在が緊急執行の前提である。存在しない逮捕状の緊急執行などはあり得ない。
- × (8) (7)のとおりである。
- × (9) 特別な場合を除き、逮捕に先立つことを要する。

論文対策

Q

S警察署で指名手配中の窃盗被疑者甲を、T警察署のA巡査が職務質問を端緒に、いわゆる逮捕状の緊急執行により逮捕した。そして、被疑者の引致を受けたS署捜査係長が、甲に逮捕状を示そうとしたところ、逮捕状を紛失していることが判明した。

この場合、
① どのような措置をとるべきか。
② 「逮捕状発付証明書」を甲に示すことによって身柄拘束を続けることができるか。

〔答案構成〕

1 結 論

① 甲を釈放しなければならない。
② 「逮捕状発付証明書」の提示による身柄拘束の継続は許されない。

2 逮捕状の緊急執行
法201条2項、法73条3項

3 緊急執行の要件
① 令状不所持のため提示できない場合であること。
② 急速を要するときであること。
③ 被疑事実の要旨と令状発付の告知
④ 逮捕後の令状提示

4 逮捕後の逮捕状提示
○ 逮捕状提示は、逮捕手続の適法要件である。
○ したがって、提示ができない場合は違法となるので、被疑者を釈放しなければならない。
○ 提示すべきは逮捕状そのものであることを要す。

出題ランク	1	2	3
★★★	/	/	/

10 緊急逮捕

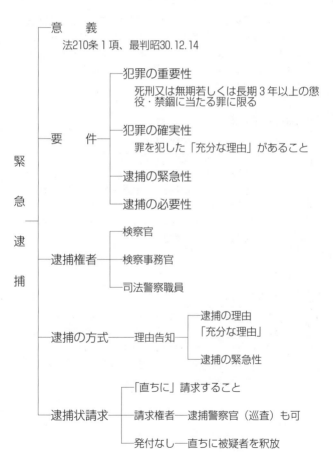

- 緊急逮捕
  - 意義
    - 法210条1項、最判昭30.12.14
  - 要件
    - 犯罪の重要性
      - 死刑又は無期若しくは長期3年以上の懲役・禁錮に当たる罪に限る
    - 犯罪の確実性
      - 罪を犯した「充分な理由」があること
    - 逮捕の緊急性
    - 逮捕の必要性
  - 逮捕権者
    - 検察官
    - 検察事務官
    - 司法警察職員
  - 逮捕の方式
    - 理由告知
      - 逮捕の理由「充分な理由」
      - 逮捕の緊急性
  - 逮捕状請求
    - 「直ちに」請求すること
    - 請求権者──逮捕警察官(巡査)も可
    - 発付なし──直ちに被疑者を釈放

要　点

1 意　義

意義	緊急逮捕とは、捜査機関が、一定の重罪を犯した嫌疑のある者を、事前に裁判官の逮捕状を求めるいとまのないとき、これを逮捕し、事後、逮捕状の請求をして裁判官の審査を受ける手続をいう（法210条1項）。
判例	令状の事後請求という点で、令状主義を規定した憲法33条との関係で議論のあるところであるが、事後とはいえ、逮捕に接着した時期において逮捕状が発せられる限り、逮捕状による逮捕の一種と考えてよく、判例も合憲としている（最判昭30.12.14）。

2 緊急逮捕の要件

犯罪の重要性	法定刑が、死刑又は無期若しくは長期3年以上の懲役若しくは禁錮に当たる罪であることを要する。 ○ 法定刑であり、処断刑ではない。 ○ 緊急逮捕できない刑法犯の代表的なものには、暴行、脅迫、過失傷害、過失致死、遺失物横領等がある。 ワンポイント 「3年以上」のうちには、「3年以下の懲役・禁錮」に当たる場合も含まれる。
犯罪の確実性	罪を犯したことを疑うに足りる充分な理由があることを要する。 「充分な理由」とは 通常逮捕におけるそれの「相当な理由」よりも更に高度の嫌疑があることを要する。しかし、直ちに有罪判決が得られるほど高度の嫌疑があることまで要求されない。 　　　通常逮捕　　＜　　緊急逮捕 　　「相当な理由」　　　「充分な理由」

逮捕の緊急性	直ちに逮捕しなければ逃亡又は罪証隠滅されるおそれがあるという高度の逮捕の必要性が存在し、しかも、裁判官に逮捕状を請求して発付を受ける時間的余裕がないという緊急性が必要。 ワンポイント　通常逮捕状が発付されている被疑者でも、緊急逮捕の要件を具備していれば、緊急逮捕できる。
逮捕の必要性	「急速を要し、裁判官の逮捕状を求めることができないとき」という文言は、逮捕の必要性が高度に存在することを意味するものであり、「逮捕の必要性」が緊急逮捕の要件であると解される。
	【必要性の判断について】 　○　必要性が逮捕時に存在していたか、 　○　令状請求時に、身柄拘束の必要性があるか、 の2点を判断することが通説となっている。 　この見解によると、緊急逮捕状を請求する行為は 　①　適正な緊急逮捕であったことを裁判官に追認してもらうこと 　②　緊急逮捕後の身柄拘束の継続の承認を裁判官に求めるため に行うものであり、このうち一つでも認められない場合には、逮捕状の請求が却下されることとなる。 ワンポイント 　○　上記①が認められ、②が認められないとして令状請求が却下された場合→緊急逮捕行為は適法であるため、逮捕の現場で差し押さえた物は、還付する必要がない。 　○　上記①が認められないとされた場合→緊急逮捕行為は違法のため、逮捕の現場で差し押さえた物は、直ちに還付する必要がある（法220条2項）。

3　逮捕権者

　検察官、検察事務官又は司法警察職員に限られる。現行犯逮捕と異なり、捜査機関以外の者は逮捕権者となり得ない。

4 逮捕の方式

緊急逮捕するときは、逮捕権者は、被疑者に対し、「その理由」を告げなければならない。

- ○ この理由の告知は、逮捕の理由(被疑者が罪を犯したことを疑うに足りる充分な理由)のほか、逮捕の緊急性(急速を要し、裁判官に逮捕状を求めることができない理由)も告知する必要がある。
- ○ 告知の時期は、逮捕前に行うことが原則であるが、被疑者に逃亡されるなどの急速を要する場合は、逮捕後、すぐに告知すれば適法である。

5 逮捕状の請求

逮捕後、直ちに裁判官に対し逮捕状の発付を請求しなければならない。

- ○ 「直ちに」とは、「即刻に」に近い意味である。
- ○ 緊急逮捕の請求は、逮捕に当たった司法巡査でもできる(犯捜規120条1項)。
- ○ 被疑者を釈放した場合も令状請求は必要である(犯捜規120条3項)。
- ○ 逮捕状が発付されなかったときは、直ちに被疑者を釈放しなければならない。

逮捕状請求者 法210条1項 犯捜規120条1項	原則	検察官、検察事務官又は司法警察職員(指定司法警察員又は当該逮捕に当たった警察官)
	例外	指定司法警察員がいないときは、他の司法警察員が請求することもできる。

↓ 逮捕状請求書+疎明資料

請求先 規則299条1項	原則	請求者が所属する官公署の所在地を管轄する地方裁判所又は簡易裁判所の裁判官
	例外	やむを得ない事情がある場合は、最寄りの下級裁判所の裁判官でも可

逮捕状の発付	又は	請求の却下
身柄拘束を継続		直ちに被疑者を釈放

6 逮捕状請求関係書類

- ☐ 逮捕状請求書────記載要件：規則142条

- ☐ 疎明資料
  規則143条
  犯捜規122条2項
  - 緊急逮捕手続書
    被疑者が罪を犯したことを疑うに足りる充分な理由、逮捕の必要性、緊急性を疎明する逮捕手続書
  - 被害届
  - その他資料

参考判例

緊急逮捕における被疑者の特定　最判昭32.5.28

集団暴行犯人の住所、氏名を知ることができず、各人ごとに人相、体格等の特徴を具体的に表示できなくても、犯人を確認、追尾した司法警察職員が、群衆中に混在する犯人を容貌等により識別できる以上、緊急逮捕をするに必要な被疑者の特定があるということができる。

その集団暴行犯人が多数の者と共に団体結成の大会を開き、逮捕に備えて石、コンクリート破片等を用意し、体勢を整えている場合に、警察当局がその動向を探知し、応援警察官を手配するため即日逮捕する旨の決定をするまでに2時間余を要したとしても、常に必ずしも裁判官の逮捕状を求める余裕があったとはいえない。

練習問題

Q

次のうち、正しいものには○、誤っているものには×を記せ。

(1) 死刑又は無期若しくは長期3年以上の懲役若しくは禁錮に当たる罪を犯したことを疑うに足りる充分な理由がある場合であれば、直ちに緊急逮捕できる。

(2) 緊急逮捕の要件は、逮捕時に存在すればよいので、逮捕状請求の時には存在しなくてもよい。

(3) 被疑者を緊急逮捕したが、取調べの結果、留置の必要がないので釈放して不拘束にした。この場合、逮捕状の請求の必要はない。

(4) 被疑者を傷害罪で緊急逮捕したが、警察署で逮捕手続中に被害者が病院で死亡した。この場合、傷害致死罪で逮捕状を請求しなければならない。

(5) 緊急逮捕した被疑者に押送中逃走された。この場合でも、緊急逮捕状の請求をしなければならない。

(6) 刑事訴訟法上、緊急逮捕状が発付された場合、速やかにこれを被疑者に示さなければならないとされている。

(7) 緊急逮捕行為自体は適法であるが、後の逮捕状請求時に通常逮捕の要件を欠いているとの理由で、緊急逮捕状の請求が却下された場合には、逮捕時に差し押さえた物を返還しなければならない。

(8) 「長期3年以上の懲役」に当たる犯罪であっても、その従犯は刑法63条によって減軽されるから、これを緊急逮捕することができない。

(9) 刑法95条（公務執行妨害罪）も刑法130条（住居侵入罪）も、3年以下の懲役なので、緊急逮捕できる。

82

解　答

× (1) 緊急逮捕の要件は、①犯罪の重要性（長期3年以上）、②犯罪の確実性（充分な理由）のほか、③逮捕の緊急性（急速を要し、逮捕状を求めることができない場合）もその要件となっている。

○ (2) 緊急逮捕の要件は、逮捕時において逮捕状なくして被疑者を逮捕し得るための要件であるから、それは、逮捕時において存在したことが必要であり、かつ、それで足りる。

× (3) 令状請求の趣旨は、緊急逮捕行為の当否について裁判官に審査を受けることにあるから、この場合にも、逮捕状を請求しなければならない。

× (4) 逮捕時の犯罪事実である傷害罪で逮捕状を請求しなければならない。

○ (5) (3)と同様の理由により、逮捕状を請求しなければならない。

× (6) 緊急逮捕状が発付された場合、その令状を被疑者に示すことについては、刑事訴訟法上には何らの規定はない。しかし、実務上、被疑者に示すのが妥当である。

× (7) 設問のように緊急逮捕の要件は認められるものの、後の逮捕状請求時に通常逮捕の要件を欠くとして緊急逮捕状の請求が却下された場合、緊急逮捕行為自体は適法であり、それに基づいて令状によらないで捜索・差し押さえられた物は引き続き留置することができる。

× (8) 緊急逮捕の要件である「長期3年以上の懲役」というのは、法定刑をいい、処断刑をいうものではない。したがって、従犯についても処断刑ではなく、それに対応する正犯の刑となるので、緊急逮捕ができる。

○ (9) 3年以上には、「3年以下」も含まれる。

論文対策

Q

A巡査は、深夜、警ら中、逃げ出そうとした不審な男甲を発見し、職務質問を行い、交番に同行した。説得のうえ、所持品を提出させたところ、甲は、ジャンパー右ポケットからドライバー1本とネックレス1個を取り出したので、さらに追及したところ、「Y宅の窓をドライバーでこじあけて中に入り、ネックレスを盗んできた」旨の自供を得た。Y宅で裏付捜査をしたところ、窓にドライバー様の痕跡があり、侵入した形跡も認められたが、家人が不在で被害事実の確認ができなかった。この場合の措置について述べよ。

〔答案構成〕

1 結 論

甲を窃盗犯人として緊急逮捕することができる。

2 緊急逮捕の要件
① 犯罪の重要性
② 犯罪の確実性
③ 逮捕の緊急性

3 事例の検討
○ 窃盗罪は、10年以下の懲役に当たる罪であるから、緊急逮捕の対象犯罪である。
○ 甲は、盗品を所持しており、自供の裏付捜査が自供内容と一致しているうえ、犯行用具の携帯まである状況下では、たとえ被害確認ができなくても、犯罪嫌疑の「充分の理由」があるといえる。
○ 逃走の気配から「逮捕の緊急性」も認められる。

出題ランク	1	2	3
★★★	/	/	/

11 現行犯逮捕

組立て

現行犯逮捕
├─ 意義
│   令状主義の例外(憲法33条)、私人にも逮捕権が与えられている(法213条)
│
├─ 現行犯人の要件
│ 法212条1項
│   ├─ 現に罪を行っている者
│   │   犯罪の実行行為を行っている者
│   │
│   └─ 現に罪を行い終った者
│   犯行終了の瞬間ないしこれに接着する短時間内の者
│
├─ 共犯と現行犯逮捕
│
└─ 現行犯逮捕の制限

 要 点

1 意 義

現行犯人とは、現に罪を行い、又は現に罪を行い終った者をいう(法212条1項)。このほかに、一定の要件を具備し、罪を行い終ってから間がないと明らかに認められるときの準現行犯人があり(法212条2項)、何人でも逮捕状なくしてこれを逮捕することができる(法213条)。

現行犯逮捕は、令状主義の例外とされ(憲法33条)、また、捜査機関に限らず私人にも逮捕権が与えられている。

その理由は、客観的にみて犯罪が明白であり犯人も明白であるため強制力の使用が濫用に陥るおそれが少なく、誤認逮捕の危険も少ないためと、急速な逮捕の必要性があるためである。

2 現行犯人の要件

「現に罪を行い、又は現に罪を行い終つた者を現行犯人とする。」(法212条1項)と定めている。これを満たす要件としては、
① 犯罪と犯人の明白性
   その者が特定の犯罪を犯したと明白に認められること
② 犯罪の現行性・時間的接着性の明白性
   その者が現に特定の犯罪を実行していること、又は特定の犯罪を実行し終わった直後であることを逮捕者が明白に認識できること
が必要となる。

「現に罪を行っている者」とは	犯罪の実行行為を行っている者、すなわち、刑罰法規が定める犯罪構成要件に該当する実行行為を行っている者をいう。 ① 犯罪と犯人の明白性 　犯罪を行っていることが逮捕者のみならず外部的にも明白であることを要する。 ② 犯罪の現行性・時間的接着性の明白性 　現に行っていることが明白であることを要する。 ＜例＞ ○ 屋内においてタンスの引出しを開けて物色中の者や、盗んだ金品を持ち出そうとしている者等がこれに当たる。この場合の「罪」は、特定の犯罪でなければならない。 ○ 内偵捜査等で、事前に情報を入手している者が、現場を目撃した際は、あらかじめ入手している情報と照らし合わせて犯罪が明白であれば、現行犯逮捕も可能である。
「現に罪を行い終った者」とは	犯罪の実行行為を終了した直後の者のことである。 　すなわち、犯行の終了した瞬間ないしこれに接着する短時間内にある者のことである。 　現行犯人とは別に準現行犯人という概念があることに照らし、犯行を終了した直後とは、犯行に極めて接着した時間的段階であると解さなければならない。 　結果の発生の有無を問わない。 ① 犯罪と犯人の明白性 　「現に罪を行い終った者」と同様であるが、ここで問題となるのは、逮捕者が直接現認していない場合である。この場合は、 ○ 逮捕者が直接見聞した犯人の挙動、証拠、その他の客観的な状況 ○ 被害者からの通報、犯人の供述等 を「犯罪と犯人の明白性」を認定する資料としても差し支えない。 ② 犯罪の現行性・時間的接着性の明白性 　犯罪を実行し終わった直後であることを逮捕者が明白に認識できることを要する。

3　共犯と現行犯逮捕

　共謀・教唆・幇助の行為と正犯の実行行為との双方に現行犯としての明白性がある場合には現行犯逮捕が可能である。

　しかし、共謀共同正犯の共謀者や教唆犯につき、犯罪の外部的な明白性を認めるのは事実上困難である。

4　現行犯逮捕の制限

　30万円（刑法、暴力行為等処罰法、経済関係罰則整備法以外の罪については、当分の間、2万円）以下の罰金、拘留又は科料に当たる罪の現行犯の場合は、犯人の住居、氏名が明らかでない場合、又は犯人が逃亡するおそれのある場合に限り、逮捕が認められる（法217条）。

参考判例

「現に罪を行い終った者」の事例　　最決昭31.10.25
某が飲酒酩酊の上甲特殊飲食店の玄関において、従業婦の胸に強打を加え、更に同家勝手口の硝子戸を故意に破損したため、同家主人が直ちに附近の巡査派出所の勤務巡査に届け出た。同巡査は現場に急行したところ従業婦から某の暴状を訴えられ、某は今、乙特殊飲食店にいると告げられたので、破損箇所を確認した上直ちに甲店より約20メートル隔てた乙店に赴き、手を怪我して大声で叫びながら足を洗っている某を逮捕した。その逮捕までに右犯行後3、40分を経過したに過ぎないものであるときは、刑訴第212条第1項にいう「現に罪を行い終った者」にあたる現行犯人の逮捕ということができる。

「罪を行い終ってから間がない」の事例　　最決平8.1.29
いわゆる内ゲバ事件が発生したとの無線情報を受けて逃走犯人を警戒、検索中の警察官らが、犯行終了の約1時間ないし1時間40分後に、犯行場所からいずれも約4キロメートル離れた各地点で、それぞれ被疑者らを発見し、その挙動や着衣の汚れ等を見て職務質問のため停止するよう求めたところ、いずれの被疑者も逃げ出した上、腕に籠手（こて）を装着していたり、顔面に新しい傷跡が認められたなど判示の事実関係の下においては、被疑者らに対して行われた本件各逮捕は、刑訴法212条

2項2号ないし4号に当たる者が罪を行い終わってから間がないと明らかに認められるときにされたものであって、適法である。

現行犯人追跡と実力行使の適法性　最判昭50.4.3

あわびの密漁犯人を現行犯逮捕するため約30分間密漁船を追跡した者の依頼により約3時間にわたり同船の追跡を継続した行為は、適法な現行犯逮捕の行為と認めることができる。

現行犯逮捕をしようとする場合において、現行犯人から抵抗を受けたときは、逮捕をしようとする者は、警察官であると私人であるとを問わず、その際の状況からみて社会通念上逮捕のために必要かつ相当であると認められる限度内の実力を行使することが許され、たとえその実力の行使が刑罰法令に触れることがあるとしても、刑法35条により罰せられない。

私人による現行犯逮捕のための住居侵入の可否
名古屋高判昭26.3.3

検察官、検察事務官又は司法警察職員は、現行犯人を逮捕する場合には人の住居又は人の看守する邸宅、建造物若しくは船舶内に入り被疑者の捜索をすることができる旨を規定しているところから見れば、通常人に対しては同様の行為をすることは禁止せられているものと解すべきものである。われわれの住居は侵すことができないもので、これを侵しても違法でないとするためには、憲法並に刑事訴訟法に規定してある場合でなければならない。通常人が現行犯人を逮捕し得ることは、憲法並に刑事訴訟法でもこれを認めているが、この逮捕のため、他人の住居に侵入し得る旨を規定した法律は存しない。従って通常人は、屋外若しくは自宅で現行犯を逮捕するか又は住居権者等の承諾ある場合に限り、住居内で現行犯人を逮捕し得るのである。

練習問題

Q

次のうち、正しいものには〇、誤っているものには×を記せ。

(1) 逃走罪等のいわゆる状態犯については、当該犯罪行為による違法な結果が残っていればいつでも、現に罪を行いつつある者として現行犯逮捕できる。

(2) 逮捕監禁罪等のいわゆる継続犯は、その犯罪状態が継続中である限り、現に罪を行いつつある現行犯人として逮捕できる。

(3) 正犯の実行行為を待ってはじめて成立する教唆犯や幇助犯については、理論上、現行犯逮捕の成立する余地はないと解されている。

(4) 犯行を現認した者がこれを追跡し、被疑者が自宅に贓物を持ち込んだのを確認の後、時を移さず警察官に届け出て、警察官がこれを逮捕する場合も現行犯逮捕である。

(5) 不審者を職務質問したところ、「車の中に拳銃を隠している」と供述したので、一緒に約50メートル離れたところに駐車している車まで行き、トランク内に拳銃を認めた。現行犯逮捕できる。

(6) 不審者を職務質問し、所持していたカメラについて追及したところ、「たった今、3軒先のカメラ店から盗んできた」と自供した。現行犯逮捕できる。

(7) スリが電車の中で視線を走らせ、相手方を物色していたので、窃盗未遂の現行犯人として逮捕した。

(8) 不審な男が、買物中の女性のハンドバッグの中に手を入れた。現行犯逮捕できる。

解 答

× (1) 状態犯は、犯行が既遂になれば「罪を行い終った」状態が刻一刻と遠ざかっていくので、逃走後時間の経過が長くなればなるほど現行犯逮捕が困難となる。

○ (2) 継続犯は、法益侵害の状態が継続する限り、犯罪を実行しつつあると解されるので、現行犯逮捕が可能である。

× (3) 教唆者・幇助者・共謀者についても、現に教唆・幇助・共謀を行い、行い終った等の状況に照らし、そのこと自体に現行性が認められる限り、すなわち、教唆・幇助・共謀の行為と正犯の実行行為との双方に現行犯としての明白性がある場合には、現行犯逮捕が可能であるとされている。

○ (4) 犯行を直接覚知した者の要求により、本来逮捕権を行使し得るこの者に代わって現行犯逮捕することも許されるとされている。

○ (5) 銃砲刀剣類所持等取締法における「所持」とは、目的物の事実上の支配を意味し、現に握持していることを要しない。車内に保管するのも所持に当たるから現行犯逮捕ができる。

× (6) いわゆるたぐり捜査に当たる。犯行後いかに短時間であっても、犯人とその犯行の認定が取調べに基づく犯人の自供による場合は現行犯逮捕できない。

× (7) スリが視線を走らせるだけでは、窃盗の実行行為に着手したといえないので、現行犯逮捕はできない。

○ (8) 窃盗の実行行為の着手が認められるので、既遂・未遂にかかわらず、現行犯逮捕ができる。

論文対策

Q

A巡査は、警ら中、挙動不審者甲を職務質問し、同人の承諾を得て身体捜検を行ったところ、左腕に注射痕があり、コインロッカーの鍵を所持していたので追及したところ、S駅構内のコインロッカー内に覚醒剤を隠匿している旨を自供した。そこで同人と一緒に約200メートル離れたS駅構内に赴き、当該コインロッカー内に覚醒剤が隠匿されているのを確認した。

この場合、甲を覚せい剤取締法違反被疑者として現行犯逮捕できるか。

〔答案構成〕

1 結 論

甲を覚せい剤取締法違反被疑者として現行犯逮捕することができる。

2 現行犯逮捕の要件

法212条1項

3 事例の検討

○ S駅構内のコインロッカー内にある覚醒剤は、施錠等により甲の事実上の支配内にあるものと認めることができるから、甲の所持にかかるものといえる。

○ 甲は、法定の除外事由がないのに、覚醒剤を所持していたのであるから、不法所持罪が成立する。

○ 覚醒剤不法所持罪は、継続犯であり、その所持を続ける限りいつまでも犯罪実行中ということで、「現に罪を行っている」現行犯人となる。

出題ランク	1	2	3
★★★	/	/	/

12 準現行犯逮捕

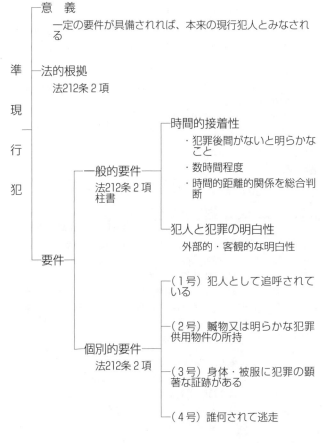

- 準現行犯
  - 意義
    - 一定の要件が具備されれば、本来の現行犯人とみなされる
  - 法的根拠
    - 法212条2項
  - 要件
    - 一般的要件（法212条2項柱書）
      - 時間的接着性
        - ・犯罪後間がないと明らかなこと
        - ・数時間程度
        - ・時間的距離的関係を総合判断
      - 犯人と犯罪の明白性
        - 外部的・客観的な明白性
    - 個別的要件（法212条2項）
      - （1号）犯人として追呼されている
      - （2号）贓物又は明らかな犯罪供用物件の所持
      - （3号）身体・被服に犯罪の顕著な証跡がある
      - （4号）誰何されて逃走

要 点

1 意 義

準現行犯とは、現行犯人そのものではないが、一定の要件が備わっていれば本来の現行犯人とみなされるものをいう。

刑事訴訟法上、現行犯人という場合は、広義の現行犯人を指し、準現行犯人も含まれる。

2 法的根拠（法212条2項）

次の各号の一にあたる者が、罪を行い終ってから間がないと明らかに認められるときは、これを現行犯人とみなす。

① 犯人として追呼されているとき。
② 贓物又は明らかに犯罪の用に供したと思われる兇器その他の物を所持しているとき。
③ 身体又は被服に犯罪の顕著な証跡があるとき。
④ 誰何されて逃走しようとするとき。

3 要 件

		「罪を行い終ってから間がないと明らかに認められるとき」
一般的要件（法212条2項柱書）	時間的接着性	○ 客観的にその犯罪を行い終って間がないことが必要であり、そして、それが逮捕者にも明らかに認められる状況であることが必要である。 ○ 一般的には、犯罪の実行行為終了後「数時間」を超えない程度と考えられている。 ○ 判例では、2時間10分後の贓物所持犯人を準現行犯としているものもあるが、犯行現場からの距離的関係等の条件との関連もあるので、直ちに、この時間をもって基準とはできない。
	犯人と犯罪の明白性	○ 犯人が特定の犯罪を行ったことが逮捕者に客観的に明らかに認められることが必要である。 　職務質問による場合のように、犯罪が特定していない、いわゆる「たぐり捜査」によるような場合は、準現行犯人とはならない。

個別的要件（法212条2項1〜4号）	① 犯人として追呼されているとき（1号） その者が犯人であることを明確に認識している者により逮捕を前提とする追跡・呼号を受けている場合である。
	② 贓物又は明らかに犯罪の用に供したと思われる兇器その他の物を所持しているとき（2号） 贓物とは、財産罪たる犯罪行為により不法に領得された財物で、被害者が法律上回復追求権を有するものをいい、兇器には、性質上の兇器のみならず、用法上の兇器も含まれる。
	③ 身体又は被服に犯罪の顕著な証跡があるとき（3号） 身体又は被服にその犯罪を行ったことの外部的・客観的に明らかな痕跡が認められるものをいう。なお、ホクロなどの身体的特徴は含まない。
	④ 誰何されて逃走しようとするとき（4号） 姓名を聞くだけではなく、「もしもし」「どこへ行くのか」等の呼びかけに応ぜず逃走する場合も含む。懐中電灯に照らされて、逃走する場合でも含まれることがある。

参考判例

「間がない」とは　福岡高宮崎支判昭32.9.10
本件は午後6時過に鉄板を窃取し午後7時過に逮捕せられておりその間犯罪終了後約1時間を経過している。しかしながら「間がない」とは、必ずしも犯罪実行行為終了と接続した後だけに限るものではなく、時間的に近接しておれば良いと解する。何故かというと、憲法第33条が現行犯人の逮捕を令状主義の例外として規定した理由は、急速を要するという理由の外犯罪の嫌疑が明白であり特段の判断を待つまでもなく過誤を生ずるおそれがないからであって、準現行犯に関する法令の解釈もこれとその規を異にするものではなく、このように理解することによりいわゆる「間がない」とは必ずしも犯罪直後に限ることを要しないと考えられるからである。

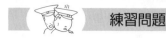 練習問題

Q

次のうち、正しいものには〇、誤っているものには×を記せ。

(1) 「罪を行い終ってから間がない」とは、かなり伸縮性のある概念であり、具体的に何時間ということはいえないが、最大限数時間というのが通説である。

(2) 「犯人として追呼されている」とは、犯人として呼称されつつ追跡されている場合をいうので、無言で追跡されているような場合は、これに当たらない。

(3) 準現行犯の要件である「贓物所持」の「贓物」は、盗品罪における盗品の概念よりもやや広く、収賄罪における賄賂なども含まれる。

(4) 犯人の着衣やホクロ等の身体的特徴も、「身体又は被服に犯罪の顕著な証跡があるとき」に該当する。

(5) 「誰何」とは、警察官のような犯罪捜査機関が逮捕しようとして相手を問いただす場合に限られるとされている。

(6) 警察官が警笛を吹き、あるいは懐中電灯で照らすことも「誰何」に当たる。

(7) 所持する物が自供とそれに基づく裏付捜査によってはじめて贓物であることが認識できる程度のものであるようなときは、贓物性の外部的明白性に欠けるので、「贓物を所持している」に当たらない。

(8) 傷害事件の110番で臨場中、血のついた柳刃包丁を右手に持ち、返り血を浴びた手配人相の男が逃げてきた。この場合、準現行犯人として逮捕できる。

解 答

○ (1) 設問のとおり。しかし、数時間以内なら当然に準現行犯として取り扱ってよいというのではなく、この程度の時間が経過していても、犯行現場からの距離的関係等を総合的に判断して、なお犯跡歴然とした明白性の極めて強い場合は、準現行犯人として認められるということである。

× (2) 犯人として単に追跡されている場合（例えば、無言で追いかけられている場合）も、犯人として単に呼称されている場合（例えば、「泥棒、泥棒」と呼ばれているが追跡されていない場合）も、「追呼されているとき」に含まれる。

× (3) 通説・判例とも、盗品罪における盗品の概念と同一であるとしているので、賄賂は含まれない。

× (4) 着衣や身体的特徴は、犯罪の顕著な証跡とはいえない。

× (5) 犯罪捜査機関に限らず、私人による行為も含まれる。

○ (6) 設問のとおり。また、警察官の姿を認めるなり逃げ出したような場合も「誰何されて逃走した」ことになるとされている。

○ (7) いわゆる「たぐり捜査」による場合は、いかに犯行後の時間的・場所的接着性があっても準現行犯人とはならない。

○ (8) 犯罪の用に供したと思われる柳刃包丁を持ち、被服に返り血を浴びているなど犯罪の顕著な証跡が認められるから、準現行犯人に当たる。

論文対策

Q

暴力団組員甲は、行きつけの飲食店で、隣席のYに因縁をつけ、Yの顔面を手拳で数回殴打のうえ、鼻骨骨折等の傷害を負わせて逃走した。「甲が客に傷害を与えた」という店主からの110番通報でA巡査は、現場から500メートル離れた甲宅に急行し、出て来た甲を追及したところ、本件犯行を認めたが、身体や着衣には返り血等の証跡が認められなかった。なお、事件発生から甲を発見するまでに要した時間は15分位であった。

この場合、甲をいかなる手続によって逮捕することができるか。

〔答案構成〕

1 結 論

甲は現行犯人にも準現行犯人にも当たらないので、緊急逮捕の手続によるべきである。

2 現行犯逮捕の是非

① 現行性・時間的接着性〜充足している。
② 犯人と犯罪の明白性〜外部的明白性はない。逮捕者自身が直接に覚知していない。

3 準現行犯逮捕の是非

① 一般的要件〜現行犯逮捕の場合と同じ。
② 個別的要件〜充足していない。

4 緊急逮捕の是非

① 犯罪の重要性〜傷害罪は15年以下の懲役又は50万円以下の罰金
② 犯罪の確実性〜「充分な理由」が認められる。
③ 逮捕の緊急性〜ある。

出題ランク	1	2	3
★★	/	/	/

13 軽微事件の現行犯逮捕

組立て

軽微事件の現行犯逮捕
- 軽微犯罪の意義（法217条）
  30万円（刑法、暴力行為等処罰法、経済関係罰則整備法以外の罪については、当分の間、2万円）以下の罰金、拘留又は科料

- 軽微事件について現行犯逮捕を制限する理由
  軽微な事件にまで無制限に強制力を用いるのは妥当でないとする配慮

- 要件
  - 犯人の住居若しくは氏名が明らかでない場合
  - 犯人が逃亡するおそれがある場合

- 逮捕後に要件事由が解消した場合
  被疑者を釈放しなければならない

13 軽微事件の現行犯逮捕 99

要 点

1 軽微犯罪の意義

軽微犯罪とは、30万円（刑法、暴力行為等処罰法、経済関係罰則整備法の罪以外の罪については、当分の間、2万円）以下の罰金、拘留又は科料に当たる罪のことである（法217条）。

2 軽微事件について現行犯逮捕を制限する理由

現行犯人は、何人でも逮捕状なくしてこれを逮捕することができるという規定（法213条）は、現行犯人を逮捕するかしないかは逮捕権者の裁量に委ねられていることを意味する。しかし、軽微な事件にまで無制限に強制力を用いるのは妥当でないとする配慮から、この種事件の現行犯逮捕について一定の制約が設けられた。

3 要 件

法217条は、前述の軽微事件に当たる現行犯については、 　○　犯人の住居若しくは氏名が明らかでない場合 　　　　　　　　　　又は 　○　犯人が逃亡するおそれがある場合 に限り、法213条から216条の規定を適用すると定めている。

犯人の住居若しくは氏名が明らかでない場合	○ 犯人の住居若しくは氏名の双方又はいずれか一方が明らかでない場合をいう。 ○ 住居も氏名も明らかであるといえるためには、被疑者の供述だけでは足りず、客観的な資料によって、そのことが捜査官に明らかであると認められなければならない。

犯人が逃亡するおそれがある場合	○ 勾留の要件としての「逃亡すると疑うに足りる相当の理由があるとき」よりは緩やかであって、それだけ逮捕する者の認定の幅が広くなっていると解されている。 ○ 実務上、これを認定するに当たっては、犯罪の軽重、犯行の手段・方法、犯人の住居・犯歴・言動・年齢・職業等を考慮の上、総合的に判断して認定することが必要である。

4 逮捕後に要件事由が解消した場合

逮捕後であっても、上記2要件の両方の事由が解消すれば、法216条(現行犯逮捕の準用規定)が適用されなくなるから、同条によって準用されている法202条から209条の規定(逮捕状で逮捕した場合に関する規定)も準用されないことになる。したがって、この場合には、当然、留置という身柄拘束を継続することができず、被疑者を釈放しなければならないことになる。

参考判例

軽犯罪法違反の現行犯逮捕　岡山地津山支判平24.2.2

甲は被告人宅に向けてエアガンを発射したと認められるところ、この行為は軽犯罪法1条11号の「相当の注意をしないで、他人の身体又は物件に害を及ぼす虞のある場所に物を発射した」に当たる。被告人は、この行為を現認しており、その時点では少なくとも甲の住居は知らなかった。そして、甲はその場から立ち去ろうとしていたのであるから刑訴法217条所定の「逃亡する虞」もあったと認められる。したがって、本件暴行は、捜査段階での被告人供述のとおり、犯人である甲の身柄と犯行の用に供したエアガンを確保する目的でされたものとして、刑訴法213条、217条に基づく現行犯逮捕に当たり、刑法35条の法令行為として違法性が阻却されるというべきである。

練習問題

Q

次のうち、正しいものには〇、誤っているものには×を記せ。

(1) 30万円以下の罰金、拘留又は科料に当たる罪の現行犯人であったが、証拠隠滅をするおそれがあったのでこれを現行犯逮捕した。

(2) 自動車の車体に釘で傷をつけている男を見つけたその車の所有者である会社員が、その男を現行犯逮捕した。

(3) A巡査は、多衆が集合して暴行・脅迫を行い公共の平穏を害している集団の中で附和随行している甲を認めたので、呼びとめ取り調べたところ、氏名を明らかにしないので、これを現行犯逮捕した。

(4) ゴルフの素振り中に過失で通行人に傷害を与えた甲は、住居・氏名を明らかにし、逃亡のおそれもなかったが、証拠隠滅のおそれがあったので、これを現行犯逮捕した。

(5) 遺失物を横領した甲を取り調べたところ、住居・氏名を明らかにし、逃亡のおそれもなかったが、証拠隠滅のおそれがあったので、現行犯逮捕した。

(6) A巡査は、虚構の犯罪を申し出た甲を取り調べたところ、氏名を明らかにしたが、住居を明らかにしなかったので、これを現行犯逮捕した。

(7) B捜査係長は、軽犯罪法違反の現行犯人甲の引致を受けたが、引致後に甲が住居・氏名を明らかにし、逃亡のおそれも認められなかったので、これを釈放した。

解　答

× (1) 「証拠隠滅のおそれ」は、逮捕要件となっていない。軽微事件の逮捕要件は、「犯人の住居若しくは氏名が明らかでない場合」と「犯人が逃亡するおそれがある場合」の二つである。

○ (2) 器物毀棄罪は、「3年以下の懲役」であるので軽微犯罪ではない。また、現行犯人は何人でも逮捕状なくしてこれを逮捕することができる。

○ (3) 騒乱罪（刑法106条）における付和随行者の法定刑は、「10万円以下の罰金」であるので、軽微犯罪に当たるが、氏名を明らかにしなかったのであるから、現行犯逮捕ができる。

× (4) 過失傷害罪（刑法209条）の法定刑は、「30万円以下の罰金又は科料」であるので軽微犯罪に当たる。したがって、住居・氏名を明らかにし、逃亡のおそれがない場合は、現行犯逮捕することができない。証拠隠滅のおそれが逮捕要件になっていないのは、(1)のとおりである。

○ (5) 遺失物横領罪（刑法254条）の法定刑は、「1年以下の懲役」であるので、軽微犯罪に当たらない。したがって、逮捕の必要性があれば、現行犯逮捕できる。

○ (6) 虚構の犯罪の申告は、軽犯罪法1条16号違反である。軽犯罪法の法定刑は「拘留又は科料」であり、軽微犯罪に該当するが、住居を明らかにしなかったのであるから（住居・氏名のどちらか一方が明らかでなければよい。）現行犯逮捕ができる。

○ (7) 適法な措置である。

論文対策

Q

町会役員Aは、同じ町内に住む住居・氏名も分かっている甲が、通話以外の目的での立入りを禁止する旨の表示がなされている電話ボックス内にデートクラブの広告カードを貼っているのを発見したので、いきなり甲の腕をねじ上げ、逃走の気配もないのにこれを逮捕し、S交番のP巡査の下に連行してきた。

この場合のP巡査の措置について論ぜよ。

〔答案構成〕

1 結 論

P巡査は、電話等で司法警察員に速報し、指揮を受けた後、甲を直ちに釈放すべきである。

2 軽微事件の現行犯逮捕の要件

① 犯人の住居若しくは氏名が明らかでない場合
② 犯人が逃亡するおそれがある場合

3 事件の検討

○ 甲の行為は軽犯罪法違反（はり札）＝軽微犯罪に該当する。
○ 甲については、住居・氏名が明らかであり、逃亡のおそれがないのであるから、Aの甲に対する逮捕行為は違法である。
○ 直ちに甲を釈放しなければならない。

4 実務上の留意事項

○ Aから逮捕理由等の必要事項の聴取
○ 司法警察員に電話等で速報し、指揮を受ける。
○ Aに事情を説明し、甲を釈放する。
○ 現行犯人逮捕手続書（乙）を作成し、奥書に措置状況を記載する。

14 再逮捕

- 再逮捕
  - 同一被疑事実による再逮捕
    - 法的根拠
    - 特別の事情
      - 新たな有力な証拠の発見
      - 釈放後、逃走・証拠隠滅のおそれ大
      - 逮捕後、逃走された場合
      - 違法な手続による逮捕
  - 異なる事実による再逮捕
    - 余罪による再逮捕
      - 原則：逮捕・勾留中の取調べ
      - 例外：特別の事情
        - ○ 逮捕時未発覚
        - ○ 逮捕の必要性の出現
    - 別件逮捕
      - 意義
      - 別件逮捕の要件
        - 起訴価値
        - 逮捕の妥当性・必要性
        - 逮捕事実と並行取調べ
        - 判明次第本件の令状請求

14 再逮捕 105

要 点

1 同一被疑事実による再逮捕

法的根拠

ある被疑事実で逮捕・勾留した被疑者を同一の被疑事実で重ねて逮捕・勾留することは原則として認められない。同一被疑事実について、逮捕の繰返しを無条件に許せば、法203条以下の規定の存在意義が失われかねないからである。

しかし、法199条3項は、「……、第1項の逮捕状を請求する場合において、同一の犯罪事実についてその被疑者に対し前に逮捕状の請求又はその発付があったときは、その旨を裁判所に通知しなければならない」と規定し、これを受けて規則142条1項8号は、「……その旨及びその犯罪事実を逮捕状の請求書に記載すること」と定めている。

これは、同一事実について二度以上逮捕状を請求することも、これを発付することも許すことを認める趣旨であると解されている。ただし、次の特別の事情がある場合である。

再逮捕が許される特別の事情

再逮捕すべき合理的な特別の事情の存在が必要である。その場合とは、前の逮捕後の事情変更により再逮捕の合理的な必要性が生じた場合をいう。

① 逮捕して取り調べたが、証拠不十分で釈放せざるを得なかったが、後になって新たに有力な証拠が発見され、しかも、逃亡・罪証隠滅のおそれが大であり任意捜査では捜査目的を達し得ない場合

② 逮捕して取り調べたが、留置の必要がないと認められたため一旦釈放したが、任意出頭に応ぜず、逃走・証拠隠滅のおそれが大なる場合

③ 逮捕中の被疑者が逃走したが、なお留置の必要がある場合

④ 逮捕状による逮捕手続が違法であったため、その逮捕を前提としては以後の手続を進めることができず、しかも、なお被疑者を留置する必要性が大きい場合

2 異なる事実による再逮捕

余罪による再逮捕

異なる事実による再逮捕が許されるのは、
① 前の逮捕の際にまだその犯罪事実が発覚していなかった場合
② 発覚していても逮捕の必要性がなかった場合
等の特別の事情があるときに限られる。

わな

併合罪の関係にある数個の犯罪事実につき、順次逮捕と釈放を繰り返す「逮捕の蒸し返し」は違法である。

別件逮捕

意義	甲事件の嫌疑がある被疑者を甲事件で逮捕せず、まず別件である乙事件によって逮捕し、この逮捕とそれに引き続く勾留とを利用し、乙事件の取調べと並行して甲事件について取調べを行う捜査方法をいう。
別件逮捕を行う場合の留意事項	別件逮捕は違法ではないが、その運用に慎重な配慮を要す。 ① 逮捕の犯罪事実は、起訴価値があること。 ② 社会通念上、逮捕が妥当、必要であること。 ③ 逮捕後の取調べは、専ら本件についてのみ行うことは避け、逮捕事実と並行して行うこと。 ④ 取調中、本件事実が明らかになった場合、速やかに本件の逮捕状の発付を受けること。

練習問題

Q

次のうち、正しいものには○、誤っているものには×を記せ。

(1) 常習暴行罪は、集合犯であるので、その性格上、いかなる場合も、一度逮捕された者をその事実の一部によって逮捕することは、許されない。

(2) 常習暴行罪について逮捕・勾留のうえ起訴された被告人が保釈中にさらに常習として暴行を行った場合、この事実によって新たに逮捕することができる。

(3) 被疑者を逮捕したが証拠不十分なため釈放した。その後有力な証拠が発見され、しかも罪証隠滅・逃亡のおそれがある場合、同一事実で再逮捕できる。

(4) 甲を通常逮捕し引致後逃走された。逃走10時間後に甲を発見し、最初の逮捕後48時間内であったので、同一逮捕状により再逮捕した。

(5) 甲事実で被疑者を逮捕し取り調べたところ、余罪として他の犯罪が判明した。この場合、余罪の事実ごとに再逮捕することが一般的に許される。

(6) 甲事件について犯罪の嫌疑がなくなり留置の必要性がなくなったが、新しく発覚した乙事件には逮捕の理由も必要性もある場合、当該被疑者を釈放して再び乙事件で逮捕することができる。

(7) 通説・判例は、別件逮捕はいかなる態様のものであっても違法であるとの立場を採っている。

(8) 別件の事実は、単に強制捜査の必要性がある被疑事実であるというだけでなく、それ自体起訴価値のあるものであることを要するとされている。

解 答

× (1) 常習暴行罪は、数個の暴行を包括して1個の犯罪として評価するいわゆる集合犯である。しかし、集合犯（包括的一罪）であっても、前の逮捕後の事情変更により、再逮捕の合理的な必要が生じたと認められるときには再逮捕が許される。

○ (2) (1)の再逮捕が許される例である。前の逮捕・勾留の機会よりも後に新しく犯された常習一罪の一部であるが、これについては、そもそも同時処理が不可能であったのであるから、当然、新たに逮捕することが許される。

○ (3) 再逮捕が許される特別の事情に該当する。

× (4) 逮捕状の性格は、許可状であるので、逮捕が一旦行われればその目的を達し、逮捕権行使の許可という効力を失うので、同一の逮捕状でもう一度甲を逮捕するということはできない。

× (5) 原則として、甲事実の逮捕、さらにこれに続く勾留を利用して取り調べるべきである。余罪の事実ごとにつき順次逮捕と釈放を繰り返すことは、合理的な特別の事情がない限り、「逮捕の蒸し返し」で違法となる。

○ (6) 異なる事実による再逮捕が許される特別の事情がある場合に該当する。

× (7) 別件逮捕は正攻法の捜査方法とはいえないが、「逮捕の蒸し返し」を防ぐ等の利点があるほか捜査上の必要性もあるので、通説・判例も絶対的には違法視していない。

○ (8) 設問のとおり。

論文対策

Q

傷害罪で逮捕・送致された被疑者甲は、犯情軽微との理由で不起訴処分となり釈放された。ところが、その後、当該事件は、別件事実で逮捕中の乙の自供から、甲と乙との殺人未遂の共犯事件であることが判明した。

この場合、所在不明で逃走中の甲を殺人未遂罪で再逮捕し、取り調べることができるか。

〔答案構成〕

1 結 論

甲を殺人未遂罪で逮捕し、取り調べることができる。

2 問題の所在

① 一事不再理の原則に抵触しないか。
② 一罪一逮捕の原則から、同一人を同一事実で再逮捕することができるか。

3 一事不再理

○ 一事不再理とは、有罪・無罪・免訴の判決が確定すると、同一事件について再度公訴提起が許されないという原則である。

○ 不起訴処分には、既判力はない。

4 同一事実による再逮捕

○ 同一事実による再逮捕が許される特別の事情の存在

5 事例の検討

○ 新たな事実の判明
○ 逃走中であるので逮捕の必要性がある。

15 逮捕後の手続

組立て

```
           ┌─ 引 致 ── 司法警察員への身柄の引渡し
           │
           │           ┌─ 犯罪事実の要旨と弁護人選任権の告知
           │           │   法203条1項前段、211条、216条
           │           │   憲法34条の要請
           │           │
  逮        │  引致後   ├─ 被疑者国選弁護制度の教示(法203条4項)
  捕        ├─ の手続   │
  後        │           │
  の        │           └─ 弁解の機会の付与
  手        │               法203条1項前段、211条、216条
  続        │               弁解録取書の作成
           │
           │                     ┌─ 釈 放
           │                     │   留置の必要がない場合
           │                     │
           └─ 釈放又は留置・送致 ─┼─ 留置・送致
                                 │   48時間以内に書類・証拠物
                                 │   とともに被疑者を検察官へ
                                 │
                                 └─ 留置の判断
```

 要 点

1 逮捕後の手続

　逮捕の種類にかかわらず、逮捕された被疑者は、直ちに司法警察員の下に引致され、送致のための手続が行われる。

　具体的には、犯罪事実の要旨の告知、弁護人選任権の告知、弁解の機会の付与を内容とする「弁解録取書」を作成し、その後必要な取調べ等の捜査を経て、検察官に送致されることとなる。

　警察署等で留置されている被疑者については、逮捕から48時間以内に検察官に送致しなければならない。

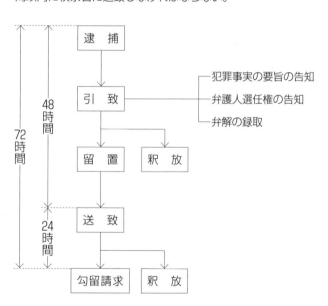

2 引 致

逮捕された被疑者又は現行犯人の身柄の処置を決める権限を有する司法警察員に被疑者等を引き渡すことをいう。この手続は、その逮捕行為の適否、留置の必要性の有無について、より専門的な法律的知識を有する司法警察員に早期に判断させ、刑事手続の適正を図るとともに被疑者の人権を保障するために設けられたものである。

司法巡査が逮捕した被疑者の引致

司法巡査が自ら被疑者を逮捕したときは、通常逮捕・緊急逮捕・現行犯逮捕のいずれの場合を問わず「直ちに」これを司法警察員に引致しなければならない(法202条、211条、216条)。

ワンポイント 「直ちに」とは、即刻に近い意味である。

引致する場所

通常逮捕	原則	逮捕状に記載されている引致場所
	例外	逮捕前に限り、引致場所の変更を裁判官に書面で請求できる(犯捜規124条)。
緊急逮捕 現行犯逮捕	原則	逮捕した警察官が所属する警察署等
	例外	前記に記載のとおり、引致は「刑事手続の適正を図るため」のものである。よって、他の警察署等で既に捜査を進めていた、緊急配備を行っていた等の事情がある場合は、当該警察署へ引致することが適切と解する。

司法巡査による釈放

原則	司法巡査の判断で被疑者を釈放することは許されない。
例外	明らかな誤認逮捕であった場合には、引致する前に釈放することができる。ただし、実務上は司法警察員の幹部の指揮を受けることが適切であると解する。

私人の逮捕にかかる現行犯人の引致

一般私人が現行犯逮捕した場合は現行犯人を直ちに司法警察職員(警察官等)に引き渡さなければならない(法214条)。この時、司法巡査が一般私人から現行犯人を受け取ったときは、

15 逮捕後の手続

「速やかに」これを司法警察員に引致しなければならない（法215条1項）。

ワンポイント① 「速やかに」というのは、「直ちに」よりも余裕のある観念である。逮捕者の氏名・住居・逮捕事由等を聴取しなければならないからである（法215条2項、犯捜規129条）。

ワンポイント② 私人が軽微な犯罪で被疑者を現行犯逮捕した場合において、逮捕時に氏名等を黙秘していたが、引渡しを受けた後に氏名等が判明し、かつ、逃亡のおそれも認められない場合であっても司法巡査の判断で釈放せず、速やかに司法警察員に引致して、引致後に釈放の手続をとることとなる。

<引致の流れ>

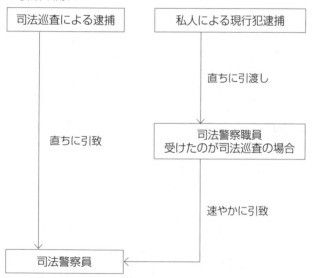

3 引致後の手続

犯罪事実の要旨・弁護人の選任権の告知

司法警察員は、自ら被疑者を逮捕したとき、又は逮捕された被疑者を司法巡査から受け取ったときは、直ちに、犯罪事実の要旨、弁護士、弁護士法人又は弁護士会を指定して弁護人を選任することができる旨及びその申出先を告げなければならない（法203条1項前段、211条、216条）。

これは、憲法34条に基づく要請である。

被疑者国選弁護制度の教示

・ （逮捕に引き続いて勾留を請求された場合において、）貧困その他の事由により、自ら弁護人を選任することができないときは、裁判官に対して国選弁護人の選任を請求することができる旨
・ 裁判官に対して、国選弁護人の選任を請求するには、資力申告書を提出しなければならない旨
・ 被疑者の資力が基準額（50万円）以上であるときは、あらかじめ、所定の弁護士会に私選弁護人の選任の申出をしていなければならない旨

を教示しなければならない（法203条4項）。

弁解の機会の付与（弁解録取手続）

・ 司法警察員は、犯罪事実の要旨及び弁護人選任権を告げたうえ、弁解の機会を与えなければならない（法203条1項前段、211条、216条）。
・ 弁解の機会の付与は、被疑事実そのものについてのみならず、逮捕に対する不服の申述の機会をも与えることを含む。
・ この手続が行われたことを証明するために、被疑者の弁解を弁解録取書に記載しなければならない。
・ なお、弁解録取の際に被疑者から「取調べ中において弁護士等と接見したい」旨の申出があった場合は、直ちにその申出があった旨を弁護人等に連絡する旨を被疑者に対し告知すること（平成31年3月26日警察庁丙刑企発第62号）。

(ワンポイント) 弁解の際に供述拒否権の告知を行い、供述の証拠保全を図ることや迅速な取調べに移行することも行い得る。

4 釈放又は留置・送致

釈放	司法警察員は、被疑者について留置の必要がないと思料するときは、直ちにこれを釈放しなければならない（法203条1項前段、211条、216条）。
留置・送致	司法警察員は、逮捕中の被疑者につき、留置の必要があると思料するときは、被疑者が身体を拘束された時から48時間に限りこれを留置することができる。この場合、48時間以内に書類及び証拠物とともに被疑者を検察官に送致しなければならず、当該時間内に送致の手続をしないときは、直ちに被疑者を釈放しなければならない（法203条1項）。
留置の判断	被疑者の留置の要否を判断するに当たっては、その事案の軽重及び態様並びに逃亡、罪証隠滅、通謀等捜査上の支障の有無並びに被疑者の年齢、境遇、健康その他諸般の状況を考慮しなければならない（犯捜規130条4項）。

<引致後の手続の流れ>

```
┌─────────────────┐  ┌─────────────────┐
│ 司法警察員が自ら逮捕 │  │ 司法巡査からの受け取り │
└─────────────────┘  └─────────────────┘
            │
          直ちに
            ↓
┌──────────────────────────────┐
│ 犯罪事実の要旨、弁護人の選任権の告知 │
│ 被疑者国選弁護制度の教示          │
└──────────────────────────────┘
            ↓
┌──────────────────────────────┐
│ 弁解の機会の付与(弁解録取手続)    │
│ (実務上:供述拒否権の告知)       │
└──────────────────────────────┘
            │         取調べ中の弁護士等と
            │         接見の申出
            │           ↓
            │         直ちに
            │           ↓
            │  ┌──────────────────────────┐
            │  │ その申出があった旨を弁護人等に │
            │  │ 連絡する旨を被疑者に対し告知   │
            │  └──────────────────────────┘
            ↓
      ┌──────────┐
      │ 留置の判断 │
      └──────────┘
         ↓        ↓
   ┌────────┐  又は  ┌──────────┐
   │  釈放  │       │ 留置・送致 │
   └────────┘       └──────────┘
```

15 逮捕後の手続

練習問題

Q

次のうち、正しいものには〇、誤っているものには×を記せ。

(1) 司法巡査は、私人から現行犯人を受け取った場合には、当該現行犯人を取り調べた後に司法警察員に引致しなければならない。

(2) 現行犯人を連行して来た逮捕者が氏名・住居を告げないまま立ち去った場合、司法巡査は、その旨を現行犯人逮捕手続書に記載しておけばよい。

(3) 司法巡査が被疑者を逮捕した場合、司法警察員に引致せず、自己の判断で釈放することができる。

(4) 司法巡査が被疑者を逮捕した場合、引致のための護送途中、必要があるときは、被疑者を仮に他の警察署の留置施設に留置することができる。

(5) 被疑者が酩酊していて十分に弁解できない状態にある場合には、弁解録取書は作成しなくてもよい。

(6) 身柄拘束のまま送致する場合の48時間の制限時間の起算点は、引致された時ではなく、被疑者が身体を拘束された時、すなわち現実に逮捕された時である。

(7) 制限時間内の送致とは、48時間以内に検察官に「到着」することをいう。

(8) 引致された被疑者が2人以上の弁護士を指定して申出をしたときは、そのうちの1人の弁護士にその旨を通知すれば足りる。

解 答

× (1) 司法巡査が引致前になし得る処分は、法215条2項前段（逮捕者の氏名・住居、逮捕事由の聴取）の手続だけであって、受け取った現行犯人を取り調べ、その後に引致することは許されない。

○ (2) このような場合もあり得る。説得し協力を確保するのが望ましいが、説得を聞かずに立ち去ったときには、本肢のようにするよりほかない。

× (3) 司法警察員でなければ弁解録取、釈放その他必要な手続をとることができないので、引致することなく、自己の判断で釈放することは許されない。

○ (4) 法74条（被告人の護送中の仮留置）は、逮捕された被疑者を引致するための護送について準用される（法209条、211条、216条）ので、必要があるときは仮に最寄り警察署の留置施設に留置することができる。

× (5) 被疑者が酩酊していて十分に弁解できない状態であったとしても、弁解の機会を与え、その旨を記載した弁解録取書を作成しなければならない。

○ (6) 設問のとおり。

× (7) 48時間以内に「送致する手続」をとれば足り、検察官に必ずしも到着することは必要でない。

○ (8) 法78条、209条、211条、216条。

 論文対策

Q

歩道に乗りあげ歩行者を死亡させた自動車運転者甲を過失運転致死罪の現行犯として事故現場で逮捕したが、甲自らも左腕を負傷していたため、病院で治療を受けさせた後、本署に引致した。このため引致までに約4時間を要したが、送致の制限時間内には、甲を送致できる予定である。

この場合、留意すべき点について述べよ。

〔答案構成〕

1 結 論

逮捕手続書の奥書欄に引致が遅れた理由を記載しておく必要がある。

2 引 致

○ 被疑者を逮捕したときは、「直ちに」これを司法警察員に引致しなければならない(法202条)。

○ 「直ちに」とは、即刻に近い意味である。

3 引致が遅延したときにとるべき措置

○ 犯捜規135条は、48時間以内に送致できないときは「遅延事由報告書」の作成を規定している。

○ 通常逮捕手続書には、引致が遅延した場合の理由記載欄が設けられている。

○ 現行犯人逮捕手続書の場合も同様に解してよい。

4 制限時間内に送致可能な場合も記載が必要か

○ 手続の各段階での適正手続の明確化が必要。

5 事例の検討

○ 引致に4時間を要したことは通常の状態でない。

出題ランク	1	2	3
★★	/	/	/

16 被疑者の勾留

組立て

- 被疑者の勾留
  - 意義
    - 被疑者・被告人を拘禁する裁判及びその執行
  - 要件
    - 形式的要件
      - 勾留尋問
        - 法61条、207条1項
      - 逮捕前置主義
        - 法207条1項
      - 軽微事件の特則
        - 法60条3項、207条1項
      - 少年の特則
        - 少年法48条1項
    - 実質的要件
      - 法60条1項、207条1項
      - 被疑者が罪を犯したことを疑うに足りる相当な理由のあること
      - 被疑者が
        - 住居不定
        - 罪証隠滅の疑い
        - 逃亡・逃亡の疑い
  - 期間
    - 原則〜勾留請求日から10日間（法定期間）
    - 延長〜「通じて10日」間
    - 再延長〜（内・外・国・騒）「通じて5日」間

要　点

1 意　義

　勾留とは、刑事手続上の目的を確保するために、被告人又は被疑者を拘禁する裁判及びその執行をいい、未決勾留とも称される。

　起訴前に被疑者を勾留する目的は、被疑者の罪証隠滅と逃亡の防止また、被疑者を取り調べる必要性とされている。

　起訴前の勾留（被疑者勾留）については、おおむね起訴後の勾留（被告人勾留）に関する規定が準用される（法207条1項）。

　ワンポイント　被疑者国選弁護制度は、勾留となった全事件が対象となる。

2 要　件

形式的要件	勾留尋問	被疑者の勾留は、被疑者に対し、被疑事件を告げ、これに関する陳述を聴いた後でなければこれをすることができない（法61条、207条1項）。
	逮捕前置主義	検察官の勾留請求は、既に逮捕された被疑者に対してのみ、かつ、逮捕手続が適法であることを前提とし、逮捕の被疑事実を基礎として認められる（法207条1項）。 **わな**　不拘束（在宅）の被疑者をいきなり勾留することは許されない。
	軽微事件の特則	被疑者が定まった住居を有しない場合に限られる（法60条3項、207条1項）。
	少年の特則	「やむを得ない場合」を加重要件とする（少年法48条1項）。

実質的要件	① 被疑者が罪を犯したことを疑うに足りる相当な理由のあること（法60条1項、207条1項） ○ 「充分な理由」より程度が低く、法199条の「相当な理由」より高いことが必要 ② 被疑者が、 ア 定まった住居を有しないこと ○ いわゆる「住居不詳」も、これに当たる。 イ 罪証を隠滅すると疑うに足りる相当な理由があること ○ 隠滅の対象となる罪証は、物証に限らず、人証も含む。 ウ 逃亡し、又は逃亡すると疑うに足りる相当な理由があること （法60条1項、207条1項）

3 期 間

起訴前の勾留期間	① 原則として、勾留の請求をした日から10日間 ○ 「勾留の請求をした日」を初日として算入、しかも、最終日が日曜・祝日でもこれを算入する。 ② 「やむを得ない事由」のあるときは、さらに「通じて10日」を超えない範囲で期間延長が認められる（法208条）。 ③ 内乱、外患、国交、騒乱の罪に当たる事件に限って、延長された期間をさらに「通じて5日」を超えない範囲で再延長が認められる（法208条の2）。

記憶法

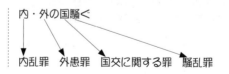

内・外の国騒ぐ

内乱罪　外患罪　国交に関する罪　騒乱罪

参考判例

法208条2項の「やむを得ない事由」とは　最判昭37.7.3

　刑訴208条2項は、裁判官は、やむを得ない事由があると認めるときは、検察官の請求により、通算10日を超えない範囲内で被疑者の勾留期間を延長することができる旨規定する。右の「やむを得ない事由があると認めるとき」とは、事件の複雑困難（被疑者もしくは被疑事実多数のほか、計算複雑、被疑者関係人らの供述又はその他の証拠のくいちがいが少からず、あるいは取調を必要と見込まれる関係人、証拠物等多数の場合等）、あるいは証拠蒐集の遅延若しくは困難（重要と思料される参考人の病気、旅行、所在不明もしくは鑑定等に多くの日時を要すること）等により勾留期間を延長して更に取調をするのでなければ起訴もしくは不起訴の決定をすることが困難な場合をいうものと解するのが相当である。

勾留期間延長の可否判断　横浜地決昭42.2.2

　右前日の犯行は、本件勾留被疑事実中には掲示されていない別の事実であるけれど、これは、特別の例外事情ない限り、いわゆる包括一罪の関係にあるので、この点の捜査につき典型的な別件余罪と同一視して考察すべきものではなく、むしろこの点は、相当程度勾留被疑事実に関する勾留延長可否の判断資料に供されるものと解するを相当とする。従ってこの点で勾留被疑事実と別の事実もそれが包括一罪と評価される事実である限り、勾留被疑事実につき起訴不起訴の判断をするうえにおいて極めて重要なものとして勾留延長判断の対象事実となるものというべきであり、以上の理由からするならば、前記認定事情のもとではその時間的関係から見ても、被疑者両名に対し捜査未了を事由として本件勾留期間を延長したことに、止むを得ない事情があったといわなければならない。

Check!

送 致(付)

☐ 事件送致

法246条は「司法警察員は、犯罪の捜査をしたときは、この法律に特別の定のある場合を除いては、速やかに書類及び証拠物とともに事件を検察官に送致しなければならない。…」と規定している。「犯罪の捜査をしたとき」とは、「捜査を終了した結果、犯罪の嫌疑があると認められるとき」の意味であり、すなわち、犯人の発見、起訴するに充分な証拠収集することもでき、有罪判決の見通しが立った時点で事件を検察官に送致しなければならないことを義務付けている。

☐ 逮捕した場合の送致

被疑者の身柄とともに収集した証拠も併せて送る場合をいい、「身柄送致」と呼ぶ。この場合は被疑者が拘束された時から48時間以内に書類及び証拠とともにこれを検察官に送致する手続をとらなければならない。

☐ 告訴・告発・自首の場合の送致

「司法警察員は、告訴又は告発を受けたときは、速やかにこれに関する書類及び証拠物を検察官に送付しなければならない。」(法243条) また、自首についても同様に扱うべきものとされている (法245条)。

☐ 少年事件の送致

刑事訴訟法は、送致(付)は全て検察官に対してなすべきものとしているが(法246条)、少年の被疑事件の送致は原則として次のように行われる。

・罰金以下の刑に当たるときは家庭裁判所へ送致する。
・禁錮以上の刑に当たるときは検察官に送致(付)する。
・罰金以下の刑に当たる犯罪と禁錮以上の刑に当たる犯罪があるときはこれらを共に検察官に送致(付)する。

☐ 微罪処分の送致

法246条ただし書きは「…検察官が指定した事件については、この限りでない。」と規定し、これに基づいて現行の微罪処分制度は、検察総長の決めた枠内で、各地方検察庁検事正による一般的指示として、一定の犯罪については不送致としている。

 **練習問題**

Q

次のうち、正しいものには○、誤っているものには×を記せ。

(1) 公訴提起前の被疑者に対する勾留の請求は、勾留の要件さえ充足していれば、身柄不拘束で任意捜査中の被疑者に対しても当然に認められる。

(2) 勾留の前提となる逮捕は、適法なものでなければならず、違法な逮捕に基づいて被疑者を勾留することは許されない。

(3) 検察官は、司法警察員から送致によって受け取った被疑者については、受け取った時から24時間以内に、しかも、被疑者が身体を拘束された時から通算して72時間以内に勾留を請求しなければならない。

(4) 罪証を隠滅するというのは、積極的には、犯罪の痕跡の破壊、虚偽の反対証拠の作出、証人圧迫により偽証させる等、事案の真相の究明を困難ならしめる一切の行為をいう。

(5) 勾留の請求を受けた裁判官は、10日間も勾留期間を必要としないと考えた場合、10日より短い勾留期間を定めた勾留状を発することができる。

(6) 勾留請求日から起算して10日目が日曜日である勾留期間の満了日は、その翌日の月曜日となる。

(7) 10日間の勾留延長を請求したが、裁判官は7日間しか認めなかった。しかし、さらにこれを延長しなければ事件処理を決し難い状態にある場合には、検察官は、さらに3日間の延長を請求することができる。

解　答

× (1) 現行法上、逮捕前置主義を採っているので、勾留の請求は、既に逮捕された被疑者に対してのみ認められる。これは、逮捕という短期間の身柄拘束を先行させ、その間の捜査に基づき、なお身柄拘束の必要性があると判断される場合にのみ、長期間の身柄拘束である勾留を認めようとする人権保護の考え方に基づく。

○ (2) 違法な逮捕を前提とする勾留請求は、却下され、被疑者の釈放を命ぜられることになる。

○ (3) 法204条1項、205条1項・2項。

○ (4) 消極的には、公判開廷を不可能ならしめる目的で故意に出頭しないことによって、証人の死亡その他公判への召喚を不能ならしめる事故の発生を待つとか、物証の自然の散逸を待つような態度もやはり証拠の隠滅に当たるとされている。

× (5) 勾留期間は、法定のものであって、裁判官が勾留状を発する限りは必ず10日間である。なお、期間延長の場合は、裁量でできるので混同しないこと。

× (6) 勾留請求の日は初日として算入される。10日目が日曜日であったとしても、勾留期間は、その日に満了することになり、翌月曜日となることはない。

○ (7) 期間の延長は、「通じて10日」を超えることができない（法208条2項後段）とされている。「通じて10日」と規定されているのは、その日数内であれば数回にわたって延長請求をくり返すことができるという趣旨である。設問の場合も「やむを得ない事由」があるときは、さらに3日間の延長を請求できる。

16　被疑者の勾留　127

論文対策

Q

2月2日午後2時頃、逮捕・勾留中の被疑者甲について検察官が勾留請求を行ったところ、その勾留請求が認められ、約2時間後の同日午後4時頃、甲に対する勾留状が発付された。

この場合、
(1) 当該勾留期間の末日はいつか。
(2) 2月11日は祝日で、2月12日が日曜日の場合は、末日はいつになるか。

〔答案構成〕

1 結 論
(1) 2月11日が末日となる。
(2) 末日が祝祭日・日曜日であっても繰り越されるわけではなく同日(2月11日)に満了する。

2 初日の起算日
○ 期間の計算方法に関して法55条1項は、日をもって計算する期間については、初日不算入を原則としている。
○ しかし、法定勾留期間の起算点は、「勾留請求の日」とされており(法208条1項)、上記原則の例外となっている。
○ 理由は、本人保護の見地から出ている。

3 末日の算入
○ 休日等不算入の原則がある(法55条3項)。
○ 勾留期間については適用されず、末日が祝祭日・日曜日であっても繰り越されずに算入される。

出題ランク	1	2	3
★★★	/	/	/

17 捜索・押収

組立て

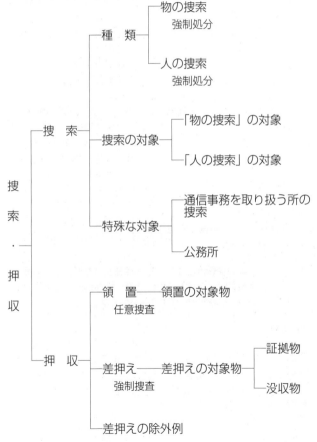

- 捜索・押収
  - 捜索
    - 種類
      - 物の捜索
        強制処分
      - 人の捜索
        強制処分
    - 捜索の対象
      - 「物の捜索」の対象
      - 「人の捜索」の対象
    - 特殊な対象
      - 通信事務を取り扱う所の捜索
      - 公務所
  - 押収
    - 領置――領置の対象物
      任意捜査
    - 差押え――差押えの対象物
      強制捜査
      - 証拠物
      - 没収物
    - 差押えの除外例

17 捜索・押収

 要 点

1 捜索

	説 明	捜索の対象
物の捜索	人の身体・物・住居その他の場所につき、 ・「証拠物と思料するもの」 ・「没収すべき物と思料するもの」 の発見を目的とする強制処分。	人の身体・物・住居その他の場所。しかし、これらの所有・管理関係が被疑者にあるかどうかによってその要件が異なる。 ① 被疑者の身体・物・住居その他の場所 →「必要があるとき」でさえあれば捜索することができる。 ② 被疑者以外の者の身体・物・住居その他の場所 →「差し押さえるべき物の存在を認めるに足りる状況」のある場合に限って捜索することができる。
人の捜索	逮捕すべき被疑者ないし現行犯人を発見するための強制処分。	逮捕すべき被疑者・現行犯人、勾引又は勾留すべき人。

 人の住居等の任意の捜索は禁止されている(犯捜規108条)。住居主等の任意の承諾が得られる場合でも、令状をとって捜索する必要がある。

特殊な対象

通信事務を取り扱う所の捜索差押え	積極説と消極説が対立するが、実務上は、通信事務を取り扱う所内の郵便物全体の捜索をせずに、差し押さえるべき郵便物を特定指示し選別させて差し押さえるのが妥当である。

公務所	捜索について法103条・104条に相当する規定がないので、捜索拒絶権の有無について議論が分かれるが、押収拒絶権行使の一態様として捜索も拒絶できると解される。

2 押 収

 押収とは、証拠物又は没収すべき物の占有を取得継続する処分をいい、領置と差押えがある。

	説 明	対象物
領置	領置とは、捜査上の必要に基づき、被疑者その他の者が遺留した物、又は、所有者・所持者・保管者が任意に提出した物の占有を取得し、かつ、持続する手続をいう。	・遺留物 　被疑者その他の者が遺留した物 ・任意提出物 　所有者・所持者・保管者が任意に提出した物
差押え	差押えとは、証拠保全のため、所有者・所持者・保管者から、「証拠物と思料するもの」又は「没収すべき物と思料するもの」の占有を強制的に取得する処分である。	・証拠物 ・没収物（任意的没収の対象物を含む。） ワンポイント 差押えの除外例 ・証拠物又は没収すべき物と思料するものでも、法律に特別の定めがある場合には差し押さえることができない（法99条1項ただし書）。 　「特別の定め」…法103条、104条、105条（公務上又は業務上の秘密物の差押えに関する制限）

17 捜索・押収　131

練習問題

Q
次のうち、正しいものには○、誤っているものには×を記せ。

(1) 被疑者甲が知人乙から賃借しているマンションの一室を捜索する場合、「必要があるとき」でさえあれば捜索できる。

(2) 被疑者甲が知人乙に預けたと認められる当該事件の証拠物を発見するため、乙方住居を捜索する場合、差し押さえるべき物を発見する必要性があるだけで、捜索することができる。

(3) 遺留物を領置するに当たっては、居住者・管理者その他の関係者の立会を得て行うようにしなければならない。

(4) 任意提出物を領置するに当たっては、なるべく提出者から「任意提出書」を提出せしめたうえ、「領置調書」を作成して「押収品目録交付書」を交付する必要がある。

(5) 仮還付を受けた者は、要求によりその物を再び提出する義務があり、また、勝手にこれを処分することができない。

(6) 被疑者が発信者又は受信者となっている郵便物等は、証拠物又は没収すべき物と思料するものでなくても、また、被疑事件に関係があると認めるに足りる状況にあるものでなくてもこれを差し押さえることができる。

(7) 公務員又は公務員であった者が保管・所持する物については、本人又は当該公務所から職務上の秘密に関するものであることを申し立てたときは、当該監督官庁の承諾がなければ、差押をすることができない。

(8) 医師Aは、Bが承諾した場合であっても、業務上保管するBのカルテの差押えを拒むことができる。

解 答

○ (1) 甲が賃借して居住している以上、甲が現実に占有・支配しているものであるから、甲の住居である。したがって、差し押さえるべき物を発見する必要性があるだけで令状を得て捜索できる。

× (2) 甲が自己所有の物を乙に預け、乙がこれを保管している場合、この物件は甲の現実的支配下になく、現実に保管している乙の物となる。したがって、当該証拠物が甲より乙に預けられ、しかも乙の住居内に存在すると認めるに足りる状況の場合に限って捜索することができることになる。

○ (3) 犯捜規110条1項。この場合、実況見分調書その他によりその物の発見された状況等を明確にしたうえ、領置調書を作成しておく必要がある（犯捜規110条2項）。

○ (4) 犯捜規109条1項。

○ (5) 設問のとおり。

○ (6) 法222条1項、100条。これは、法99条の差押え対象の拡張となるが、郵便物等の中に証拠物が含まれている蓋然性が強く、開披しなければ証拠物か否か判明できないからである。なお、被疑者が発信者にも受信者にもなっていない郵便物等については、「被疑事件に関係があると認めるに足りる状況にあるもの」に限られる。

○ (7) 法103条本文。ただし、当該監督官庁は、国の重大な利益を害する場合を除いては、承諾を拒むことができない（法103条ただし書）。

× (8) 本人が承諾した場合には、差押えを拒むことができない。

17 捜索・押収 133

論文対策

Q

暴力団Y組幹部甲が、護身用に拳銃を持ち歩いているとの情報を入手したので、A捜査係長は、甲の身体に対する捜索差押許可状を得て捜索・差押えを実施することとした。この場合、
(1) 捜索差押許可状のほかに身体検査令状を必要とするか。
(2) 甲が自宅にいる場合、当該捜索差押許可状を執行するために同所に立ち入ることができるか。

〔答案構成〕

1 結 論
 (1) 身体検査令状を必要とせず、捜索差押許可状のみで足りる。
 (2) 甲宅に立ち入って甲の身体を捜索するためには、当該場所に対する捜索許可状が必要である。

2 捜索の意義
 捜索とは、証拠物又は没収すべき物あるいは被疑者などを発見するために、被疑者又は被疑者以外の者の身体・物・住居その他の場所について強制力を用いて捜す処分である。

3 身体の捜索
 衣類を着たまま、その外部から行う検査は、捜索令状のみによって行うことができる。

4 令状の効力
 捜索の対象は、令状に記載された場所・物・人の身体に限られる。

5 事例の検討
 (1) 差押対象物である拳銃は、甲を裸にして捜索をする必要はなく、着衣の外部から検査すれば目的を達せられる。
 (2) 当該令状は、甲の身体についてのみ許可しているもので、甲の住居権の侵害まで許しているものではない。

出題ランク	1	2	3
★★★	/	/	/

18 令状による捜索・差押え

組立て

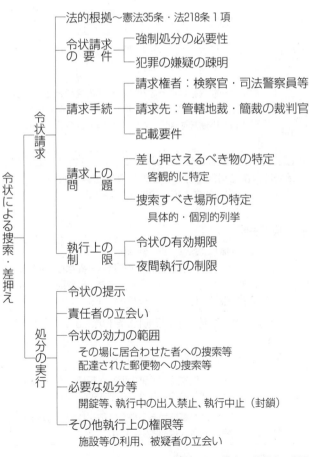

- 令状による捜索・差押え
  - 令状請求
    - 法的根拠～憲法35条・法218条1項
    - 令状請求の要件
      - 強制処分の必要性
      - 犯罪の嫌疑の疎明
    - 請求手続
      - 請求権者：検察官・司法警察員等
      - 請求先：管轄地裁・簡裁の裁判官
      - 記載要件
    - 請求上の問題
      - 差し押さえるべき物の特定
        客観的に特定
      - 捜索すべき場所の特定
        具体的・個別的列挙
    - 執行上の制限
      - 令状の有効期限
      - 夜間執行の制限
  - 処分の実行
    - 令状の提示
    - 責任者の立会い
    - 令状の効力の範囲
      その場に居合わせた者への捜索等
      配達された郵便物への捜索等
    - 必要な処分等
      開錠等、執行中の出入禁止、執行中止（封鎖）
    - その他執行上の権限等
      施設等の利用、被疑者の立会い

18 令状による捜索・差押え 135

要 点

1 法的根拠

憲法35条を受け、法218条1項は「犯罪の捜査をするについて必要があるときは、裁判官の発する令状により、差押え、記録命令付差押え、捜索又は検証をすることができる。」と規定している。

2 令状請求の要件

強制処分の必要性	任意捜査によっては、犯罪捜査の目的を達し得ず、強制処分の必要性があること。
犯罪の嫌疑の疎明	被疑者が罪を犯したと思料されるべき資料を提供しなければならない（規則156条1項）。この「罪を犯したと思料され」は通常逮捕の「相当な理由」より低いものでよい。

ワンポイント 被疑者以外の住宅等を捜索する場合は、上記＋**証拠物等がある可能性が高い状況を疎明**しなければならない（法102条2項、222条1項、規則156条3項）。

3 請求手続

請求権者	検察官、検察事務官、司法警察員 ワンポイント 法律上は逮捕請求の場合と異なり、指定司法警察員に限定されていないが、実務上は原則として指定司法警察員が行う（犯捜規137条1項）。

令状請求書（記載要件：規則155条1項、3項）
　＋
疎明資料（規則156条、犯捜規139条）

請求先	原則	請求者が所属する官公署の所在を管轄する地方裁判所又は簡易裁判所の裁判官（規則299条1項）
	例外	やむを得ない事情がある場合は最寄りの下級裁判所の裁判官でも可（規則299条1項）

4 請求書の記載要件(規則155条1項、3項)

捜索差押許可状の記載要件

- 差し押さえるべき物、記録させ若しくは印刷させるべき電磁的記録及びこれを記録させ若しくは印刷させるべき者又は捜索し検証すべき場所、身体若しくは物

  【差し押さえるべき物】
  「証拠物又は没収すべき物と思料されるもの」(法99条1項)
  → 「証拠物」:犯罪事実を認定するための証拠
  → 「没収すべき物」:必要的没収物(刑法197条の5)
  　　　　　　　　　　/任意的没収(刑法19条1項)
  【対象物の範囲外のもの】
  債権、エネルギー、コンピューター情報等の「有体物」でないもの

- 請求者の官公職氏名

- 被疑者又は被告人の氏名(被疑者又は被告人が法人であるときはその名称)

  【被疑者の氏名が不明の場合】
  人相、体格等、被疑者を特定する事項を記載すればよい(法64条2項、219条3項、規則155条3項)

- 罪名及び犯罪事実の要旨

- 7日を超える有効期間を必要とするときは、その旨及び事由

- 法218条2項の場合には、差し押さえるべき電子計算機に電気通信回路で接続している記録媒体であって、その電磁的記録を複写すべきものの範囲

- 日出前又は日没後に差押え、記録命令付差押え、捜索又は検証をする必要があるときは、その旨及び事由

18 令状による捜索・差押え 137

5 令状請求上の諸問題

差し押さえるべき物の特定

まず具体的・個別的に物件を列挙したうえ、最後に「その他事件に関係ある書類一切」と概括的に付加記載して、できる限り物件の範囲を客観的に明白にすることが必要である。

捜索すべき場所の特定

合理的に解釈してその場所を客観的に特定し、他と区別できる程度に明らかになっていることを必要とするとともに、その程度で足りる（最決昭30.11.22）。

(ワンポイント) 管理権が分かれている場合の捜索の場所

管理権が分かれている場合は、**管理権ごとに区別して令状を請求する必要がある。**ただし、マンションの共用部分など**管理権が数個重なっている場合は、当該場所を明示した令状１通で足りる。**

＜管理権に係る令状請求Ｑ＆Ａ＞

Q１	同一家屋内に２人が部屋を分けて住んでいる場合
A１	双方の部屋を捜索するのであれば、それぞれに対する令状を請求する必要がある。
Q２	公道上に駐車している自動車の場合
A２	公道上は、その自動車に対する令状請求で足りる。
Q３	不特定多数の者が通常立ち入らせることができないような場所にある自動車に対して捜索する場合
A３	管理者が同一であれば、当該場所と当該自動車を明示した令状１通で足りる。 　管理者がそれぞれ違う場合は、当該自動車に対する令状とその敷地に入るための令状の２通が必要となる。
Q４	被疑者が宿泊しているホテルを捜索している場合
A４	現に被疑者が使用している部屋を特定する必要がある（東京地判昭50.11.7）。しかし、特定できなかったり、被疑者が客室を転々としているときは、部屋番号を特定することなく、ホテル名及び被疑者が宿泊している客室といった特定でよい。

6 執行上の制限

有効期限	原則	令状発付から7日間(規則300条)
	例外	特殊な事情等がある場合、令状請求時にその旨及び事由を疎明し、裁判官に認められた場合に限り、7日間を超える期間でも可(規則300条ただし書、155条1項5号)
夜間執行の制限	原則	夜間(日没から日の出までの間)の捜索・差押えは、夜間執行の許可する記載がなければ人の住居又は人の看守する邸宅、建造物若しくは船舶内に入ることができない(法116条1項、222条3項)。
	例外	① <u>日没前に着手した場合、日没後も継続できる</u>(法116条2項、222条3項) ② 公務所、<u>公道上の対象(人の所持品、自動車等)</u> ③ 賭博、富くじ、風俗を害する行為に常用されている場所(法117条1号、222条3項) ④ <u>公開中</u>の旅館、飲食店、その他夜間でも公衆が出入りできる場所(法117条2号、222条3項)

> **ワンポイント①** 夜間執行の制限の趣旨
> 夜間執行の制限は、夜間における住居等内の私生活の平穏を保護するためのものである。よって、例えば、**寝食に現に用いているキャンピングカー**や**客が宿泊している客室**等は、住居等に類するものであると解され、**夜間執行の制限の対象**となり、例外には当てはまらないのが相当と考える。
> →**私生活を営んでいる場所であるかが判断基準!**
>
> **ワンポイント②** 公衆が出入りできる場所
> 公開中の旅館、飲食店、その他夜間でも公衆が出入りできる場所については夜間執行の制限を受けないが、例えば、**旅館の事務室**や**飲食店のバックヤード**等の**公衆が出入りできないような場所**は、**夜間執行の制限の対象**となると解する。
> →**公衆が出入りできる場所であるかが「夜間執行の制限」の対象範囲の分かれ道!**

18 令状による捜索・差押え

＜夜間執行の制限に係るQ&A＞

Q1	日没前に着手し一時中断、再開が日没後となった場合
A1	法116条2項、222条3項により、日没前に着手すれば、その処分を継続することができるとしている。また、一時中断も法118条、222条1項により認められていることから、日没前に着手し、一時中断を挟んで、日没後に再開しても処分は継続できると解する。
Q2	公道上における人の所持品、着衣
A2	公道上での捜索・差押えは、夜間執行の制限の対象外
Q3	住居の敷地内にある自動車
A3	敷地内に入ることが私生活の平穏を害するおそれがあるため、敷地内の自動車を捜索・差押えを行う場合は、夜間執行の制限を受けることとなる。
Q4	公開中の旅館内であって、空室の客室
A4	私生活の平穏を害するおそれがないため、夜間執行の制限の対象外となると解する。
Q5	営業中のコンビニエンスストア
A5	営業中であれば、店舗内は夜間執行の制限はないが、事務室や商品が保管されているバックヤードは公衆が出入りできる場所ではないため、夜間執行の制限を受けると解する。

7 処分の実行(捜索・差押えの実施手続)

① 令状の提示

処分権者	検察官、検察事務官、司法警察職員 **ワンポイント** 司法巡査は令状請求は行えないが、実施はできる。

↓令状の提示(法110条、222条1項)

被処分者	差し押さえる物、捜索する場所を現実に支配している者が該当。よって、法律上の管理者に限らず、事実上その物又は場所を支配している者が当てはまる。

令状の提示(法110条、222条1項)の要点

被処分者に必ず提示しなければならない。ただし、被処分者が不在の場合は、隣人や地方公共団体の職員等の「立会人」に提示する必要がある(犯捜規141条2項)。
ワンポイント 不在の被処分者が戻ってきた場合、法的義務はないが、改めて提示することが適当と解する。

時期	原則	着手前に提示しなければならない。
	例外	証拠隠滅等の急速を有する場合、着手後に速やかに提示することも例外的に認められている(判例も証拠隠滅のおそれがあった事案で令状提示前にホテルの客室ドアをマスターキーで開け、入室した措置を適法としている(最決平14.10.4)。
程度	○ 令状の内容を理解させる程度で足りる。よって、一瞬だけ相手に示しただけでは提示したとはいえない。 ○ 相手が拒絶した場合は、そのまま令状に着手して差し支えない(東京地判昭50.5.29)。 ○ 筆写やコピー、写真撮影の要求には、応じる必要はない(東京地決昭34.5.22)。	

ワンポイント 令状は許可状であるから必ず処分を執行する義務を負うものではない。また、執行した令状は効力を失うから再び用いることはできない。

② 責任者等の立会い

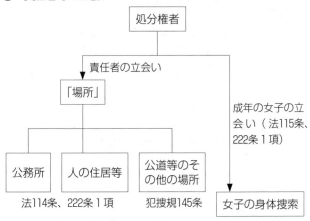

責任者の立会い（法114条、222条１項）		
公務所や人の住居等で捜索・差押えを実施する場合には処分を行う場所の責任者等を立ち会わせなければならず、急速を要する場合でも省略はできない。		
公務所		その長（最上級者）又はこれに代わる者（その長の代行者）に通知して立ち会わせなければならないと定められているが、必ずしもこれらの者が立ち会う必要はなく、<u>それらの者が指定した者</u>であればよい。 **ワンポイント** 押収物が公務上の秘密であった場合は、**押収拒絶権が行使**できる。よって、<u>その判断が行える者</u>を立ち会わせる必要がある。
人の住居等	原則	住居主若しくは看守者又はこれに代わる者を立ち会わせなければならない。
	例外	できない場合には、隣人又は地方公共団体の職員を立ち会わせることにより実施できる（法114条２項）。

の公道等の場所その他	法	刑事訴訟法上、立会人を置く、法的規定なし。
	犯捜規	145条では「なるべく第三者（不可能な場合は、他の警察官）の立会を得て行うようにしなければならない。」と規定している。

女子の身体の捜索（法115条、222条1項）

女子の身体の捜索とは、身体のほか、着衣の捜索も含む。着衣の外側から触れる程度の捜索については本条の捜索には当たらないため、本条の適用は受けない。

しかし、本条の趣旨が、執行手続の公正さの担保及び女子の羞恥心を不当に害さないためであることを鑑み、**着衣の外側から触れる程度であっても成年の女子を立ち会わせて行うべきである**。

立会人	原則	成年の女子を立ち会わせなければならない。仮に、被処分者である女子から立会いを要しない旨の意思表示があったとしても立会いが必要である。
	例外	証拠隠滅のおそれがあるなど、急速を要する場合は、除く。

③ 令状の効力が及ぶ範囲

効力が及ぶ範囲	捜索差押許可状に記載している「場所」、「身体」、「物」（法219条1項）	
	必要性等がある場合	その場所に居合わせた者の身体・着衣、所持品
	令状提示後、捜索場所に配達された荷物（最決平19.2.8）	

捜索差押許可状に記載されている対象

令状に記載されている「場所」、「身体」、「物」の対象に対して捜索、差押えが行える。差押対象として特定した「物」以外の証拠物が発見された場合は、当該令状では差し押さえることができず、新たな令状の発付を受けるか、任意提出を受けてから領置するか等の措置が必要となる。

その場に居合わせた者の身体・着衣に対する捜索

| 差押対象である「物」を身体・着衣に隠匿しているという疑うに足りる相当な理由 | ＋ | 処分を有効に実現するために必要であると認められる状況 |

「場所」に対する令状の効力は、その者の着衣・身体にも及ぶと解するのが相当である。

(東京高判平6.5.11)

ワンポイント 上記状況であっても身体検査までは及ばない。

その場に居合わせた者の所持品に対する捜索

| 居住者 同居人 | ・差押対象の「物」を所持している可能性があり、捜索する必要性がある
・性質上、捜索場所に属する物と同一視できる
・身体の捜索と比べて権利侵害が小さい
などから、居住者等の所持品に対する捜索を実施できる（最決平6.9.8）。 |

第三者	周囲の事情から差押対象の「物」を隠匿したと疑うに足りる状況があるときは、「必要な処分」（法111条1項、222条1項）として、第三者に対しても捜索することができると解する。

令状提示後、捜索場所に配達された荷物に対する捜索

　令状の有効期限内において、捜索すべき場所に差押目的物が存在する蓋然性の有無を審査したうえで許可されているのであるから令状提示後、捜索中に捜索場所に配達され、被疑者が受領した郵送物についても令状に基づいて捜索することができる（最決平19.2.8）。

④ 必要な処分等

```
必要な処分等 ─┬─ 必要な処分（法111条、222条1項）
              ├─ 執行中の出入禁止（法112条、222条1項、犯捜規147条）
              └─ 執行中止と必要な処分（法118条、222条1項、犯捜規147条）
```

必要な処分（法111条、222条1項）

　令状の執行において、錠をはずし、封を開き、その他必要な処分を行うことができる。また、押収物についても同様な措置を行える。

方法	執行の目的を達するため必要最低限にして最も妥当なものでなければならず、これを欠く場合は、国家賠償責任を負う場合がある。
具体例	【立入時】 　差押対象物を破棄される等、執行目的を達せられない可能性が高い場合に、 ○ 欺罔手段でドアを開けさせる（大阪高判平6.4.20） ○ マスターキーを用いて客室ドアを開ける（最決平14.10.4）

18　令状による捜索・差押え

具体例	○ 鍵や窓ガラスを破壊しての立入り 等の必要な処分を行える。 【開錠、開錠のための破壊措置】 　施錠された金庫やロッカーの中に差押対象物があると認められる場合に、 ○ 合鍵を使用して錠を開ける 　速やかな捜索を行わないと執行の妨害が予測される緊急の場合に、 ○ 鍵を破壊し、錠を開ける 等の必要な処分を行える。 【未現像フィルムの現像、電磁的記録媒体の印字】 　押収物と関連する証拠物であるかどうかを確認し、直ちに証拠として使用できる状態にするために、フィルムの現像、電磁的記録媒体の印字が必要な処分として行える（東京高判昭45.10.21）。 　パソコンや電磁記録媒体の中に被疑事実に関する情報が記録されている蓋然性があり、記録された情報が損壊されるおそれがあるなどの急速を要する場合は、内容を確認しないで当該電磁的記録媒体を差し押さえることができる。

執行中の出入禁止（法112条、222条1項、犯捜規147条）

処分の執行中は、何人に対しても許可を得ないでその場所に出入りすることを禁止することができる。また、執行が終わるまで看守者を置くこともできる。

執行中止と必要な処分（法118条、222条1項、犯捜規148条）

処分の執行に着手後、一時中止し得る。また、中止した際に必要がある場合は、その場所を封鎖し、看守者を置くことができる。

電話の制限に関する肯定裁判例

○ 福岡高判平24.5.16（「必要な処分」（法111条1項、222条1項）として適法となった例）
　【事案】　被捜索者による携帯電話機での部外者への連絡を制限した行為

【判旨】 令状の目的を達するために必要であり、かつ、その方法が社会的に相当なものであれば、法111条1項、222条1項の「必要な処分」として認められる。

○ 東京高判平12.6.22(「執行中の出入禁止」(法112条、222条1項)として適法となった例)

【事案】 立会人等による外部の第三者との固定電話機の受発信の制限

【判旨】 執行中の現場への人の出入りを禁止ができると規定する趣旨に照らし、執行の目的を阻害する行為、あるいは通謀して他所の証拠を隠匿するおそれがある外部者との連絡は、同条の禁止処分としてできるものと解する。

⑤ その他処分執行上の権限等

捜索場所の施設等の利用

捜索場所にある照明やエレベーターの使用について、その利用によって、被処分者に必要以上に負担をかけないものであれば、費用を支払わずに当該施設を利用できる。

被疑者の立会い

処分の執行上、必要と認められるときは、被疑者をその意思に関わりなく立ち会わせることができる(法222条6項)。

ただし、身柄不拘束の被疑者に対しては、強制的に捜索場所に連行し、立ち会わせることはできない(大阪高判昭59.8.1)。

参考判例

令状なしで荷物にエックス線照射することの適否
最決平21.9.28

荷送人の依頼に基づき宅配便業者の運送過程下にある荷物について、捜査機関が、捜査目的を達成するため、荷送人や荷受人の承諾を得ることなく、これに外部からエックス線を照射して内容物の射影を観察した行為は、検証としての性質を有する強制処分に当たり、検証許可状によることなくこれを行うことは違法である。

捜索中に届いた宅配便中の捜索の可否　最決平19.2.8

　覚せい剤取締法違反被疑事件につき、警察官が捜索差押許可状に基づき、被告人立会の下で被告人方居室を捜索中、宅配便の配達員によって被告人宛に配達され、被告人が受領した荷物について警察官が開封したところ、中から覚せい剤が発見されたため、被告人を覚せい剤所持罪で現行犯逮捕したという事案の上告審において、警察官は、そのような荷物についても上記許可状に基づいて捜索できるものと解するのが相当であるとされた。

フロッピーディスク等の差押え　最決平10.5.1

　令状により差し押さえようとするパソコン、フロッピーディスク等の中に被疑事実に関する情報が記録されている蓋然性が認められる場合において、そのような情報が実際に記録されているかをその場で確認していたのでは記録された情報を損壊される危険があるときは、内容を確認することなしに右パソコン、フロッピーディスク等を差し押さえることが許されるものと解されるところ、前記のような事実関係が認められる本件において、差押え処分を是認した原決定は相当である。

捜索現場での警察官の暴行があったにもかかわらず、証拠能力が肯定された事例　最決平8.10.29

　令状に基づく捜索の現場で警察官が被告人に暴行を加えた違法があっても、その暴行の時点は証拠物たる覚せい剤発見の後であり、被告人の発言に触発されて行われたものであって、証拠物の発見を目的とし捜索に利用するために行われたものとは認められないなど判示の事実関係の下においては、右証拠物を警察官の違法行為の結果収集された証拠として証拠能力を否定することはできない。

Check!

記録命令付差押えの新設(平成23年6月改正)

(法99条2項、99条の2、218条2項等)

☐ 差し押さえるべき物が電子計算機であるときは、電磁的記録を保管するために使用していると認められるものから、その電磁的記録を当該電子計算機等に複写して、差し押さえることができる(令状が必要)。

(差押対象物たるコンピュータで作成したメールをサーバなどからデータを複写して差し押さえる。)

☐ 電磁的記録の保管者等に命じて、必要な電磁的記録を他の記録媒体に記録させて、差し押さえることができる(令状が必要)。

(プロバイダ等をしてサーバコンピュータ等から必要なデータをCD―R等に記録等させて、差し押さえる。)

練習問題

Q

次のうち、正しいものには○、誤っているものには×を記せ。

(1) 捜索・差押えに際し、当該処分を受ける者が不在等のため、令状を示すことができない場合には、立会人に対してこれを示してから処分に着手するのが妥当である。

(2) A捜査係長が捜索・差押えを実行しようとしていたところへ被疑者の弁護人Yが来て立会いを要求した。この場合、Yを立ち会わせなくてはならない。

(3) 公務所内で捜索・差押えを行う場合、「宿直員」しか現在しない場合は、これを立会人とすることができる。

(4) 一般の住居において捜索・差押えをする場合、住居主等が不在のときは、隣人又は地方公共団体の職員を立ち会わせなければならない。

(5) 営業中の麻雀店に捜索・差押えのために立ち入る場合であっても、夜間執行許可の記載のある令状を必要とする。

(6) 日没前に捜索・差押えの実行に着手したときは、日没後になっても、その処分を継続することができる。

(7) 事情により日没前に一旦中止した捜索・差押えを日没後に再開するについては、裁判官の夜間執行許可を必要とする。

(8) 金庫内に存在する疑いが極めて濃厚な目的物を令状により差し押さえようとする場合、錠の保管者が不在のとき、錠を破壊して開扉することができる。

(9) 差し押さえた未現像のフィルムを現像することも、差押えの付随的処分として許される。

(10) 捜索・差押えの執行中、報道関係者の出入りを禁止できる。

解　答

○ (1) 犯捜規141条2項。そして、処分の着手後、当該処分を受ける者が現場に来たような場合には、直ちにこの本人に令状を示せばよい。

× (2) 捜査機関が行う捜索・差押えには、裁判所が行う捜索・差押えの立会権に関する規定の準用がないので、弁護人は立会権を有しない。したがって、これらの者から立会い方の要求があってもこれを拒否できる。

× (3) 宿直員は、公務所の長又はこれに代わるべき者には当たらないので、これの立会いだけでは捜索・差押えをすることができない。

○ (4) 法114条2項。住居主等が立会いを拒否した場合も同じ。

× (5) 夜間執行許可の記載のある令状を必要としない。夜間執行の制限の例外として、①賭博・富くじ又は風俗を害する行為に常用されるものと認められる場所、②旅館、飲食店その他夜間でも公衆が出入りすることができる場所（公開時間内）が規定されている（法117条）。旅館、飲食店は例示であるので、麻雀店等もこれらに含まれる。

○ (6) 法116条2項。

× (7) 日没後に再開するについては時間的制限に従う必要がない。夜間執行許可の記載のない令状による処分の継続として行い得る。

× (8) 当該金庫は押収物ではない。錠前屋を呼ぶべきで、急を要する場合でも金庫の錠の破壊は避けるべきとされている。

○ (9) フィルムの属性上現像の必要があるから許される。検証許可状をとるまでもない。

○ (10) 法112条。

 論文対策

Q

S警察署A刑事課長は、暴力団組長甲らによる競馬法違反の被疑事実に関し、同組事務所に対する捜索差押許可状の発付を得て、同事務所に赴き甲に令状を提示したところ、甲は、いきなり令状をひったくり破り捨てると同時に、ドアを閉めて内側から錠を掛けてしまった。この場合、
(1) 令状を奪取破棄された後も、捜索・差押えを続行できるか。
(2) 同事務所内に入るためドアの錠等を破壊することができるか。

〔答案構成〕

1 結 論
(1) 捜索・差押えをそのまま続行することができる。
(2) ドアの錠を破壊することも違法ではない。

2 捜索・差押えの意義
証拠物を保全することにある。

3 捜索差押許可状の性質
令状は許可状である。その存在は、捜索・差押えの開始要件であって継続要件ではないから、適法に開始された以上、破棄されても有効に継続することができる。

4 付随的強制処分
差押状・捜索状の執行については、錠をはずし、封を開き、その他必要な処分をすることができる(法111条)。

5 事例の検討
(1) Aは、甲に令状を示し、適法に捜索・差押えを開始しているから、そのまま続行できる。
(2) メモ用紙等の証拠物件の隠滅のおそれが十分あり緊急性が認められるから、ドアの錠を破壊して事務所内に入っても、執行目的達成のための必要最小限の処分として許される。

出題ランク	1	2	3
★★★	/	/	/

19 令状によらない捜索・差押え

組立て

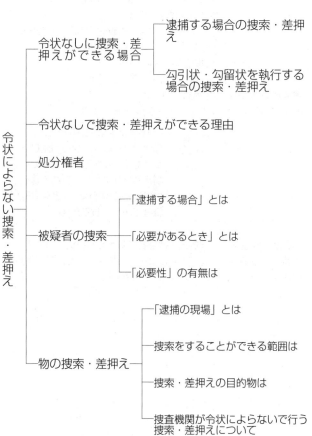

令状によらない捜索・差押え
- 令状なしに捜索・差押えができる場合
  - 逮捕する場合の捜索・差押え
  - 勾引状・勾留状を執行する場合の捜索・差押え
- 令状なしで捜索・差押えができる理由
- 処分権者
- 被疑者の捜索
  - 「逮捕する場合」とは
  - 「必要があるとき」とは
  - 「必要性」の有無は
- 物の捜索・差押え
  - 「逮捕の現場」とは
  - 捜索をすることができる範囲は
  - 捜索・差押えの目的物は
  - 捜査機関が令状によらないで行う捜索・差押えについて

1 令状なしに捜索・差押えができる場合

原則として令状を必要とする(法218条)が、例外として次の場合には、令状なくして捜索・差押えをすることができる。

逮捕する場合の捜索・差押え	捜査機関は、被疑者を逮捕(通常逮捕・緊急逮捕・現行犯逮捕)する場合において必要があるときは、令状なくして、 ○ 人の住居又は人の看守する邸宅・建造物・船舶内に入って被疑者の捜索をすること(被疑者の捜索) ○ 逮捕の現場で差押え・捜索すること(物の捜索・差押え) ができる(法220条1項、3項)。
勾引状・勾留状を執行する場合の捜索・差押え	被告人・被疑者に対する勾引状・勾留状を執行する場合にも、令状なくして捜索・差押えができる(法220条4項)。

一般私人による現行犯逮捕の場合で、一般私人から引渡しを受けた時、これは警察官等の逮捕行為でないため、逮捕の現場における捜索等は、たとえ処分権者であってもできない。

<法220条1項の分解>

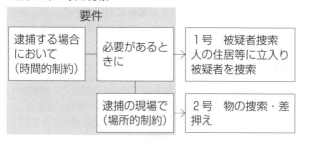

2 令状なしで捜索・差押えができる理由

令状なしの捜索・差押えは、犯人や証拠物を目前にして令状請求を行っている間に、犯人が逃走し、証拠が散逸するというような不合理さを克服し、捜査活動の現状に即させるための手続である。

3 処分権者

検察官・検察事務官又は司法警察職員などの捜査機関に限られ、しかも、当該逮捕を行った捜査機関でなければならない。

一般私人にも、現行犯人逮捕の権能が与えられているが、捜索・差押えは許されない。

令状による捜索・差押えとの相違点

・人の住居等に対し被疑者捜索の場合、急速を要するときは、責任者等の立会いが不要である（法222条2項）。
・夜間執行の制限がない（法222条1項で、116条・117条を準用していない。）。

公務所に対する被疑者捜索は、人の住居等の場合と異なり、急速を要する場合でも立会人が必要となる。

19 令状によらない捜索・差押え 155

4 被疑者の捜索

捜査機関は、被疑者を逮捕する場合において必要があるときは、令状なくして人の住居等に入って被疑者を捜索することができる(法220条1項1号、3項)。

「逮捕する場合」とは
逮捕行為に着手してから逮捕を完了するまでの全ての時間的段階を含み(時間的制約)、適法に逮捕行為に着手すれば足りる。なお、着手後、逃走されて見失い、逮捕を諦めた場合、その時点で時間的範囲が終わると解される。
「必要があるとき」とは
被疑者を逮捕するため他人の住居等に入って被疑者を捜索する必要があるときの意味である。
「必要性」の有無は
・捜査機関の主観において必要性を判断するだけでは足りず、客観的にもその必要性が認められる場合であることを要する。 ・被疑者が当該人の住居等に現在することの高度な蓋然性が客観的に認められるか否かにある。

(札幌高函館支判昭37.9.11)

ワンポイント 職務質問中、対象者がアパートの一室等に逃げ込んだ場合、これは「逮捕する場合」に当たらないため、被疑者の捜索はできない。ただし、たとえば、住居侵入等罪(刑法130条)が認められ、現行犯逮捕するのであれば「逮捕する場合」に当たるため、被疑者の捜索ができる。

5 物の捜索・差押え

捜査機関は、被疑者を逮捕する場合において必要があるときは、逮捕の現場で捜索・差押えができる（法220条1項2号、3項）。

「逮捕する場合」とは

被疑者捜索と同様であるが、逮捕行為の着手前の物の捜索・差押えが問題となる。判例では、逮捕行為の着手前の捜索・差押えを適法としたものがあるが、その後、逮捕行為に着手できなければ、違法と判断されかねないもので、よって実務上は、逮捕行為の着手と同時又は直前と解すべきである。

「逮捕の現場」とは

逮捕行為を完成したその現場という狭い意味ではなく、「逮捕行為を行った現場」すなわち、逮捕行為に着手してから逮捕を完了するまでの場所をいう（場所的制約）。この場所的制約の考え方は、令状による捜索等と同様に管理権ごとに判断すべきである。

ワンポイント 被疑者が逃走した場合の追跡経路も含まれる。また、被疑者が逃走中に証拠物を他人の敷地内に投げ込んだと認められる場合もこの「逮捕の現場」の範囲に含まれる。

管理権に係る考え方Q＆A

Q1 被疑者宅近くの路上で逮捕した場合

A1 例えば被疑者宅の前で張り込んでいて、被疑者が自宅から出てきたところを玄関前の路上であれば、同宅も被疑者の支配下にあったと認められると解され、住居内を捜索できる。しかし、たまたま、自宅の路上で逮捕した場合は、支配下にあったとはいえず、別途令状が必要となると解する。

Q2 被疑者居住のマンションの居室で逮捕した場合

A2 当該居室と令状による捜索等と同様に共用部分について捜索ができるが、他の居住者の居室は含まれない。ただし、被疑者が証拠物を他の居室に付属するベランダに投げ込んだと認められる場合は、そのベランダについても範囲となる。

Q3	被疑者が宿泊するホテル等で逮捕した場合
A3	客室で逮捕した場合は、当該客室に範囲が及ぶと解する。ロビーなどで逮捕した場合は、被疑者の影響力が顕著であると認められる場合に限り、被疑者が宿泊している客室も範囲が及ぶと解するのが適当である。

捜索をすることができる範囲

その場所、その場所内にある物及び人にも及ぶ。人に対しては、着衣・身体についても捜索することができる。

> 被疑者以外の第三者の身体・物については、差し押さえるべき物の存在を認めるに足りる状況がある場合に限って捜索することができる。

被疑者の身体に対しての捜索・差押えができる場所

原則	逮捕を行った場所で直ちに行うことが基本である。
例外	被疑者が抵抗、群集に取り囲まれるなどの捜索等の実施が困難な場合は必要な限度において、警察署等の適した場所まで連行し、実施できる。

捜索・差押えの目的物

逮捕にかかる被疑事件に関連性のある物件だけに限定され、他の犯罪に関連する物件の捜索・差押えをすることは許されない。もし捜索中に他の犯罪に関連する物件を発見した場合は、任意提出を受け領置するか、別途令状が必要となる。

令状によらない捜索・差押えの被疑者の立会い

被疑者はこれに立ち会う権利はなく、また、令状による場合は、捜査機関の裁量によって立ち会わせることができるが、この場合は、それも許されない。

参考判例

逮捕現場での捜索・差押え　最判昭36.6.7

　刑訴（220条）の規定について解明を要するのは、「逮捕する場合において」と「逮捕の現場で」の意義であるが、前者は、単なる時点よりも幅のある逮捕する際をいうのであり、後者は、場所的同一性を意味するにとどまるものと解するを相当とし、なお、前者の場合は、逮捕との時間的接着を必要とするけれども、逮捕着手時の前後関係は、これを問わないものと解すべきであって、このことは、同条1項1号の規定の趣旨からも窺うことができるのである。従って、例えば、緊急逮捕のため被疑者方に赴いたところ、被疑者がたまたま他出不在であっても、帰宅次第緊急逮捕する態勢の下に捜索、差押がなされ、且つ、これと時間的に接着して逮捕がなされる限り、その捜索、差押は、なお、緊急逮捕する場合その現場でなされたとするのを妨げるものではない。

　そして緊急逮捕の現場での捜索、差押は、当該逮捕の原由たる被疑事実に関する証拠物件を収集保全するためになされ、且つ、その目的の範囲内と認められるものである以上、同条1項後段のいわゆる「被疑者を逮捕する場合において必要があるとき」の要件に適合するものと解すべきである。

「領置」の事例　東京高判昭46.3.8

　被疑者が酒酔い運転の現行犯人として逮捕、引致された後、警察官が逮捕の現場で差し押え警察署まで運転して来た自動車内助手席ポケットの台の上に匕首を発見し、その所有者を確かめるため、既に署内で取調を受けている被疑者の許まで携行し、その同意の下に領置の手続をしたときは、所有者等が任意に提出した物としてこれを領置することができると解すべきである。

必要性の判断　札幌高函館支判昭37.9.11

　刑事訴訟法第220条によれば、捜査機関は現行犯人を逮捕する場合において必要があるときは、令状なくして人の住居に入り被疑者の捜索をすることができるのであるが、同条において「必要があるとき」とは、たんに捜査機関がその主観において必要があると判断するのみでは足らず、客観的にもその必要性が認められる場合であることを要するものと解する。けだし同条は令状主義の例外の場合として憲法第11条、第33条、第35条の趣旨にかんがみ厳格に解釈すべきものであるからである。こ

の点につき原判決が、被疑者が人の住居に現在することの高度の蓋然性を必要とするとしている見解は、当審においても正当なものとして是認することができる。

逮捕現場における捜索・差押えの範囲　大阪高判昭31.6.19

本件の被疑事実たるＡのＭに対する麻薬の譲渡行為については、既にＮＳが麻薬所持の現行犯として逮捕せられており、且つその現品も押収せられているのであるから、その譲渡行為に関する証拠いんめつを防止するため捜索差押をするということは考えられないことである。従って、本件の捜索差押は別の麻薬の発見、すなわち麻薬譲渡の被疑者について別の麻薬の所持なる余罪の捜査のためになされたものと解する外はない。しかし、緊急逮捕の現場においてする捜索差押はその逮捕の基礎である被疑事実に関する証拠品等の差押等に限られるべきものであって、他の犯罪に関する物の差押等にまで及ばないものであるから、本件の捜索差押はこの点においても違法たるを免れない。

逮捕現場における捜索・差押えの範囲　東京高判平9.10.23

覚せい剤取締法違反の罪で起訴された被告人に対する覚せい剤の押収経過につき、警察官が現行犯逮捕に伴う捜索の現場において、被告人の承諾の下にポーチの交付を受け、警察署に戻ってから捜索の現場では開披していなかった外側ポケットのチャックを開けたところ、その中から覚せい剤を発見し、その３日後に右覚せい剤につき、被告人が異議を述べずに任意提出書に署名したという一連の手続は、被告人は、本件捜索の時点でポーチ全体の占有を警察に移転し、警察官が署内でポーチを開披して内容物を見分することについて少なくとも事前に承諾したものと認められることなどから、適法である。

Check!

領　置（[17]：131頁参照）

☐　意　義

法221条は、領置について、

「検察官、検察事務官又は司法警察職員は、被疑者その他の者が遺留した物又は所有者、所持者若しくは保管者が任意に提出した物は、これを領置することができる。」
と規定している。

領置は、差押えと違って強制処分ではないが、一旦領置されると差押えと同様の取扱いとなり、押収物として提出者が還付を求めても、捜査機関は必要であれば、還付を拒否することができる。

☐　方　法

犯捜規110条は、遺留物の領置について、

「被疑者その他の者の遺留物を領置するに当つては、居住者、管理者その他関係者の立会を得て行うようにしなければならない。

2　前項の領置については、実況見分調書その他によりその物の発見された状況等を明確にしたうえ、領置調書を作成しておかなければならない。」
と規定し、また、所有者などからの任意提出物については、犯捜規109条において

「所有者、所持者又は保管者の任意の提出に係る物を領置するに当たつては、なるべく提出者から任意提出書を提出させた上、領置調書を作成しなければならない。この場合においては、刑訴法第120条の規定による押収品目録交付書を交付するものとする。」
と規定し、領置の方法について明記している。

練習問題

Q

次のうち、正しいものには〇、誤っているものには×を記せ。

(1) たとえ被疑者を逮捕するに当たって急速を要するときでも、公務所内で被疑者を捜索するには、必ずその公務所の長等に通知して捜索に立ち会わせなければならない。

(2) 一般私人も現行犯逮捕ができるが、捜索・差押えは許されていないので、その身柄の引渡しを受けた警察官がその者に代わって令状なくして捜索・差押えができる。

(3) 緊急逮捕の現場で差し押さえた押収物について、緊急逮捕が違法として逮捕状が発付されなかった場合は、直ちに還付しなければならない。

(4) 窃盗犯人を通常逮捕するため、立回り先のY宅に行ったところ、犯人が気づいて逃走してしまった。しかし、同宅に証拠品の隠匿の蓋然性が高いので、令状なくして捜索・差押えを行った。

(5) 令状なくして捜索・差押えをすることができるのは、被疑者の逮捕現場においてだけである。

(6) 窃盗犯人の逮捕に着手したが、犯人に逃走されてしまった。しかし、この場合も逮捕の現場に当たるので、令状なくして捜索し、遺留品を差し押さえた。

(7) 緊急逮捕の現場において証拠物の差押えのみができて、被疑者の逮捕に成功しなかった場合でも令状請求は必要である。

162

解　答

○ (1) 法222条2項は、「人の住居内等」で急速を要する場合に立会人を要しないとする規定であるから、その反対解釈として、公務所の場合は該当しないことになる。ただし、被疑者を追跡中、被疑者が公務所内に入りこんだためそのまま追跡を継続するために立ち入る行為は令状によらない捜索・差押えではなく、逮捕行為である追跡にすぎないので、立会人は必要ない。

× (2) 一般私人が現行犯逮捕を完了してしまった以上、警察官による現行犯逮捕があり得ないから、逮捕現場における捜索・差押えはできない。また、権限のない者に代わって行うこともあり得ない。

○ (3) 法220条2項。→ただし82頁(7)のように緊急逮捕行為自体が適法なものの、逮捕状請求時に要件を欠いているとの理由で緊急逮捕状の請求が却下されたにすぎない場合、還付の必要はない。

× (4) 逮捕に着手していないので、令状なしの捜索・差押えは許されない。

× (5) 被告人・被疑者に対する勾引状・勾留状を執行する場合にも、執行現場での物の差押え・捜索を令状なくして行うことができる（法220条4項で1項を準用）。

○ (6) 逮捕に着手した以上は、たとえ犯人が逃走したために逮捕が完了しなかった場合でも、この逮捕に着手した場所は「逮捕の現場」に該当するから、令状なくして捜索・差押えができる。

○ (7) 緊急逮捕の逮捕状の請求は、捜査機関が行った逮捕行為が適法であったか否かの審査を裁判官に求めることを目的とするから、逮捕の着手があった以上、犯人に逃走され逮捕が完了しなかった場合でも、令状請求が必要となる。

19　令状によらない捜索・差押え

論文対策

Q

S警察署A捜査係長らは、Y家屋内において窃盗犯人甲の逮捕に着手したが、突然、逃げ出したのでこれを追跡して乙屋敷地内において逮捕した。

この場合、令状なくして捜索・差押えができるのはどの範囲の場所であるかを論ぜよ。

〔答案構成〕

1 結 論

Y家屋内及び乙屋敷地内並びにその中間の場所のうち被疑者の影響が顕著に及んだところを令状なくして捜索・差押えをすることができる。

2 法的根拠

捜査機関は、被疑者を逮捕する場合において、必要があるときは、捜索差押許可状がなくても、逮捕の現場で捜索・差押えをすることができる(法220条1項2号、3項)。

3 時間的制約

「逮捕する場合」という時間的制約が課せられる。「逮捕する場合」とは、逮捕行為に着手してから逮捕を完了するまでの全ての時間的段階を含む。

4 場所的制約

「逮捕の現場で」という場所的制約も課せられる。「逮捕の現場」とは、逮捕行為に着手して逮捕を完了するまでの場所をいう。

5 事例の検討

Aらが、甲の逮捕に着手したY家屋内、逮捕を完了した乙屋敷地内はもとより、追跡途中で甲の影響が顕著に及んだと認められる範囲について令状なくして捜索・差押えをすることができる。

出題ランク	1	2	3
★★	/	/	/

20 検証・実況見分

組立て

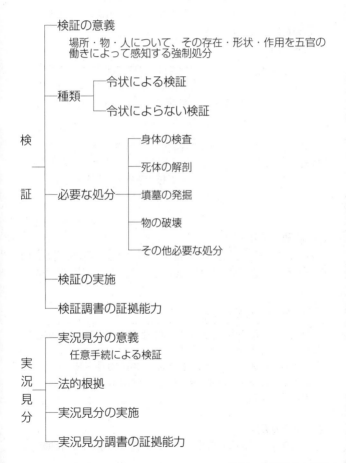

- 検証
  - 検証の意義
    場所・物・人について、その存在・形状・作用を五官の働きによって感知する強制処分
  - 種類
    - 令状による検証
    - 令状によらない検証
  - 必要な処分
    - 身体の検査
    - 死体の解剖
    - 墳墓の発掘
    - 物の破壊
    - その他必要な処分
  - 検証の実施
  - 検証調書の証拠能力

- 実況見分
  - 実況見分の意義
    任意手続による検証
  - 法的根拠
  - 実況見分の実施
  - 実況見分調書の証拠能力

要 点

1 検 証
① 意 義
　検証とは、裁判所又は捜査機関が、事実認定の資料とするため、犯罪現場その他犯罪に関係のある場所、人の身体又は物について、その存在・形状・作用を五官(眼(視覚)、耳(聴覚)、鼻(嗅覚)、舌(味覚)、皮膚(触覚))の作用によって感知する強制処分のことである。

② 種 類

令状による検証	捜査機関は、犯罪の捜査をするについて必要があるときは、裁判官の令状により検証することができる(法218条1項前段)。
令状によらない検証	捜査機関は、被疑者を逮捕する場合において必要があるときは、検証の令状がなくても、逮捕の現場で検証することができる(法220条1項2号、3項)。

③ 必要な処分
　検証については、身体の検査、死体の解剖、墳墓の発掘、物の破壊その他必要な処分をすることができる(法129条、222条1項)。

「その他必要な処分」とは

　立会人の指示説明、写真撮影等検証目的を達成するための必要最小限度の処分のことである。

　ワンポイント　逮捕現場での身体検査等の特別な場合を除き、検証としての身体検査は、検証許可状とは別個の身体検査令状を必要とする。

④ 検証の実施
　執行の方法、執行中の出入禁止、責任者の立会い、夜間執行

の制限（その例外）などについては、捜索・差押えの場合と同じである。

⑤ 検証調書の証拠能力

検証結果を記載した書面を検証調書という。検証調書は、作成者が公判期日に出廷して、それが真正に作成されたものであることを供述したときに証拠能力が与えられる（法321条3項）。

2 実況見分

① 意 義

検証と同じ処分を任意処分として行う場合を実況見分という。すなわち、検証と実況見分とは、その処分の実体は変わらないが、検証は法の規定による強制処分であるのに対し、実況見分は任意処分であり、処分を受ける者の承諾を得て行うものである。しかし、両者の法律上の効果は全く同じである。

② 法的根拠

検証のような明文の規定はない。法197条は、強制力を用いない限り、「捜査については、その目的を達するため必要な取調をすることができる」旨の任意捜査の権限を規定しており、任意処分である実況見分も本条を法的根拠とする。

③ 実況見分の実施

犯捜規104条～106条

④ 実況見分調書の証拠能力

刑事訴訟法上、明文の規定はない。通説は、検証調書と同様に実況見分調書についても法321条3項の適用があり、公判廷での作成者の真正作成の供述により証拠能力が付与されるとする。また、実務上もそのように取り扱われている。

練習問題

Q

次のうち、正しいものには〇、誤っているものには×を記せ。

(1) 検証のために死体の解剖を行うことができるが、特別の知識経験に基づく判断を要しない事実認識のためのものであるから、その方法・程度も制限される。
(2) 墳墓の発掘には、祭祀礼拝の対象とならない古墳も含まれる。
(3) 生きている身体についても、その形状・状態を認識する身体検査の処分ができるが、相手方は被疑者に限られる。

(4) 爆発物に該当するか否かを確認するためにその物を爆発させる行為も、検証に必要な処分として許される。
(5) 公道において犯罪が行われた場合は、何人の法益も侵害しないから、同所で実況見分ができる。

(6) 居住者の任意の承諾があれば、同人の住居内の犯罪現場について実況見分ができる。

(7) 公務所内で検証をする場合は、その長又はこれに代わるべき者を立ち会わせなければならない。
(8) 実況見分調書は、令状を得て行うものではないから任意性に乏しく、また正確性に欠ける点があるので、検証調書と異なり証拠能力が認められていない。
(9) 実況見分調書は、客観的に記載するように努め、被疑者、被害者その他の関係者に対し説明を求めた場合においても、その指示説明の範囲を超えて記載することのないように注意しなければならない。

解 答

- ○ (1) 例えば、外部からほぼ確認できる弾丸の所在を皮膚に切創を加えて明確にする等、一般人も行い得る程度の簡単な死体の開披以上に及ぶことができない。

- × (2) 祭祀礼拝の対象とならない古墳の発掘は含まれない。古墳の発掘は、「物の破壊」に該当する。

- × (3) 身体検査の相手方は、被疑者に限らず、それ以外の第三者でもよい。なお、検証としての身体検査は、鑑定のための身体検査と異なり、特別の知識経験によらないで身体の形状を認識する処分である。

- ○ (4) 設問のとおり。しかし、物の破壊は、所有権に対する直接の侵害となるものであるから、特に慎重に行わなければならない。

- ○ (5) 例えば、自動車の運転により人を死傷させる行為等の処罰に関する法律違反事件のような場合である。何人の法益をも侵害しないから、検証許可状を得なくても、任意の処分としての実況見分手続により検証することができる。

- ○ (6) 居住者・管理者の任意の承諾があれば、社会通念上妥当な方法によるものである限りは、実況見分を行うことができる。例えば、侵入窃盗の被害現場を実況見分するような場合である。

- ○ (7) 法114条1項、222条1項。

- × (8) 実況見分調書も、検証調書と同様に、法321条3項により証拠能力が付与される。

- ○ (9) 犯捜規105条1項。立会人の指示説明は、実況見分の目的達成のために必要な一つの手段であるが、その限度を超えてはならない。

論文対策

Q

S警察署A刑事課長は、暴力団組長甲を監禁罪で逮捕留置し、監禁場所である甲の居宅を検証するため準備していたところ、甲の弁護人である乙が来署し、「甲宅の検証を行う場合には、私が立ち会いますので、連絡してください」と申し向けた。

この場合、Aは、弁護人乙の要求に応じる必要があるかどうかを論ぜよ。

〔答案構成〕

1 結 論
弁護人乙の要求に応じるべき法律上の義務はない。

2 検証の意義
場所・物又は人について、その存在・形状・作用を五官の作用によって感知する強制処分

3 法的根拠
法218条1項前段

4 弁護人の立会権
○ 裁判所が行う検証については、法113条1項「検察官、被告人又は弁護人は、差押状、記録命令付差押状又は捜索状の執行に立ち会うことができる。」が準用される（法142条）。

○ 捜査機関が行う押収・捜索・検証については、法113条1項の準用はない。

○ 法222条6項は、被疑者の立会権を認めたものではない。捜査上の必要の有無によって被疑者の立会いの要否を決する裁量権を捜査機関に付与した規定である。

出題ランク	1	2	3
★	/	/	/

21 鑑定嘱託

組立て

- 鑑定嘱託
  - 意義
    - 被疑者以外の者に鑑定を嘱託することができる
  - 手続
    - 嘱託依頼
      - 口頭又は鑑定嘱託書による
    - 鑑定受託者
      - 自然人に限る
    - 鑑定書の受理
      - 口頭報告の場合は調書作成
  - 強制処分
    - 必要な処分
      - 立入り
      - 身体の検査
      - 死体の解剖
      - 墳墓の発掘
      - 物の破壊
    - 鑑定留置
  - 鑑定書の証拠能力

 要 点

1 意 義

捜査機関は、犯罪の捜査をする際に必要に応じて、被疑者以外の者に鑑定を嘱託することができる（法223条1項）。これが捜査機関による鑑定受託者に対する鑑定嘱託である。

鑑定とは	特別の知識経験を有する者が、専らその知識経験によってのみ知り得る実験法則及びこの法則を具体的事実に適用して得た判断の報告をいう。
鑑定嘱託とは	任意捜査の一種で、裁判所が行う訴訟上の鑑定とは異なる。 ワンポイント 裁判所が証拠調べとして行う鑑定を命ぜられた者を「鑑定人」と呼ぶのに対し、捜査機関の嘱託を受けて鑑定をする者を「鑑定受託者」と呼ぶ。

2 手 続

依嘱頼託	口頭又は鑑定嘱託書により嘱託する。
鑑定受託者	自然人に対して行うことを要する。官公署や法人に鑑定を嘱託することができない。 ○ 自然人でなければならない理由は、公判廷における当事者の尋問権の保障にある。 ○ 実務上は、行政機関の長宛に依頼することが多いが、その内容は、適当な鑑定受託者の選任とその者が行う鑑定の承認を含めたものとなっている。
鑑定書の受理	鑑定受託者から、鑑定の日時・場所・経過・結果を記載した鑑定書を提出させる。 ○ 鑑定の経過及び結果が簡単であるときは、鑑定書に代えて、受託者から口頭の報告を求めることができる。この場合、供述調書の作成を要する。

3 鑑定嘱託に伴う強制処分

鑑定嘱託そのものは、鑑定受託者との関係における任意処分であるが、鑑定を行うに当たっては、第三者の権利義務に関する措置を必要とする場合がある。この場合には、裁判官の令状を得て強制処分をすることができる(この令状を「鑑定処分許可状」という。)。

必要な処分	捜査機関から鑑定の嘱託を受けた鑑定受託者は、鑑定を行うに際して必要がある場合は、裁判官の許可を受けて、人の住居若しくは人の看守する邸宅、建造物若しくは船舶内に入り、身体を検査し、死体を解剖し、墳墓を発掘し、又は物を破壊することができる(法225条1項、168条1項)。 ※鑑定としての身体検査179頁を参照 ワンポイント レントゲン照射や血液・精液の採取は、検証のための身体検査としては許されないが、鑑定のための身体検査の一方法としては許される。
鑑定留置	捜査に当たり、被疑者の心神又は身体に関する鑑定の嘱託をする場合において、被疑者を病院その他の相当な場所に留置する必要があるときは、捜査機関は、裁判所にその処分を請求して、その者を留置することができる(法224条、167条)。 ○ 鑑定留置は、鑑定の目的を達成するため必要な限度において認められ、その必要性は、鑑定受託者の意見に基づき捜査機関において判断し、裁判官に請求することになる。

4 鑑定書の証拠能力

鑑定受託者が鑑定の経過及び結果を記載した鑑定書は、法321条4項により、鑑定受託者が公判期日において証人として尋問を受け、自己が真正に作成した鑑定書であることを供述したときに、証拠能力が与えられる。

練習問題

Q

次のうち、正しいものには○、誤っているものには×を記せ。

(1) 鑑定の嘱託は、任意捜査の一種で、裁判所が行う訴訟上の鑑定とは異なる。

(2) 鑑定受託者は、自然人であっても、法人であっても差し支えない。

(3) 捜査機関の嘱託を受けて鑑定を行う者は、「鑑定人」と呼ばれる。

(4) 鑑定の経過及び結果が簡単であるときは、鑑定書に代えて、受託者から口頭の報告を求めることができる。

(5) 鑑定を嘱託された者は、出頭ないし鑑定を拒むことができない。

(6) 鑑定を嘱託された者は、鑑定に必要な処分を行うため、鑑定処分許可状等の許可状の請求をしなければならない。

(7) 捜査機関の嘱託により鑑定受託者が許可状に基づき行う身体検査には、検証としての身体検査の規定の多くが準用されている。

(8) 鑑定留置中に捜査機関が当該被疑者の取調べをすることは一切許されないとされている。

(9) 鑑定のための身体検査の一方法として、身体を損傷することは、一切許されないとされている。

(10) 被疑者が体毛の提出を拒否しているが、その鑑定が必要な場合、鑑定処分許可状及び身体検査令状の発付を得て採取するのが妥当である。

解 答

○ (1) 鑑定の嘱託は、捜査機関が捜査上の必要に基づいて、特別の学識経験のある第三者にその承諾を得て行わせる、任意捜査の一種である。

× (2) 鑑定受託者は、自然人に限られる。公判廷での当事者の尋問に応答できる者でなければならないからである。なお、鑑定を嘱託すべき候補者の選定を、官公署又は公私の団体に依頼することは差し支えない。

× (3) 「鑑定受託者」と呼ばれる。「鑑定人」とは、裁判所が証拠調べとして行う鑑定を命ぜられた者のことである。

○ (4) この場合には、その供述を録取した調書を作成しておかなければならない(犯捜規192条1項ただし書)。

× (5) 鑑定の嘱託は、任意処分であるから、嘱託された者は出頭ないし鑑定を拒むことができる。

× (6) 許可状の請求は、鑑定受託者が自らすることができず、捜査機関がこれをしなければならない(法225条2項)。

○ (7) 法225条4項により、法168条2項・3項・4項・6項の各規定が準用される。

× (8) 一切許されないということはない。しかし、鑑定留置制度の趣旨に反するから望ましいことでもない。

× (9) 血液、毛髪等は、被疑者が任意に応じるのであれば鑑定処分許可状により、拒否する場合は、鑑定処分許可状と身体検査令状により行うことができる。

○ (10) 通常露出していない陰部を露出させる場合は身体検査令状が必要であり、また、体毛の採取には、鑑定処分許可状が必要である。

論文対策

Q

傷害の現行犯人として逮捕された甲は、逮捕現場で自己が所持していた覚醒剤様物の入ったビニール袋1個をいきなり飲み込んだ。甲には覚せい剤取締法違反の前歴があることから、同法違反を被疑事実として、甲にレントゲン照射し、体内嚥下物を確認のうえ、下剤等を施用し排泄させ、これを押収することとしたい。

この場合、どのような令状が必要か。

〔答案構成〕

1 結 論

捜索差押許可状・鑑定処分許可状が必要である。また、身体検査令状をも準備しておくのが望ましい。

2 レントゲン照射を行う場合

レントゲン照射による身体内部の検査は、人の身体に多少とも生理的障害を来すものであるから、鑑定処分許可状が必要である。

3 下剤等を施用する場合

2と同様に生理的機能に障害を及ぼす危険があるから鑑定処分許可状が必要である。

4 ビニール袋を押収する場合

排泄物の中から、当該ビニール袋を押収するには、捜索差押許可状が必要である。

5 レントゲン照射等を拒否した場合

甲がレントゲン照射等を拒否した場合には、直接強制の必要があるので、別に身体検査令状を準備しておくことが望ましい。

22 身体検査

 組立て

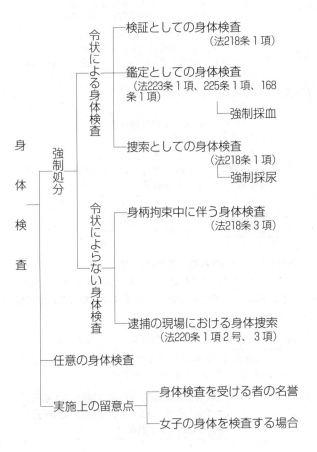

- 身体検査
  - 強制処分
    - 令状による身体検査
      - 検証としての身体検査（法218条1項）
      - 鑑定としての身体検査（法223条1項、225条1項、168条1項）
        - 強制採血
      - 捜索としての身体検査（法218条1項）
        - 強制採尿
    - 令状によらない身体検査
      - 身柄拘束中に伴う身体検査（法218条3項）
      - 逮捕の現場における身体捜索（法220条1項2号、3項）
  - 任意の身体検査
  - 実施上の留意点
    - 身体検査を受ける者の名誉
    - 女子の身体を検査する場合

22 身体検査 177

# 要 点

1 令状による身体検査

捜査機関は、犯罪の捜査をするについて必要があるとき、令状により身体検査（法218条1項後段）、また鑑定を嘱託できる（法223条1項）。

請求権者	検察官・検察事務官・司法警察員である（法218条4項、225条2項）。また、司法警察員は原則、指定司法警察員が行う（犯捜規137条1項、189条4項）。
請求要件	犯罪を捜査するのについて必要があるときである。これは、単に検査のために必要であるということではなく、捜査上強制処分としての身体検査をしなければ捜査の目的を達し難いことを意味する。
被検査者	被疑者、それ以外の第三者

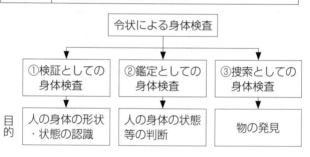

① 検証としての身体検査（法218条1項）

人の身体について、その形状・状態を認識するための強制処分であり、鑑定としての身体検査とは異なり、特別の知識経験によらない処分である。

令 状	身体検査令状	処分者	捜査機関
範 囲	指紋採取、体重測定、身体の傷跡、入れ墨等の検査。必要に応じて裸にさせることもできる。 **わな** 被検査者の生理的機能に影響を与える行為（血液採取、レントゲンを用いた透視等）は行うことは許されない。		

| 強制力 | 実力を行使して強制的に行える。 |

② 鑑定としての身体検査（法223条1項、225条1項、168条1項）

医師等の専門家によって行われる処分である。医療行為等としてではなく、捜査に必要な証拠を得るために行う処分であるから、その検査・方法には限界があり、社会通念上是認される程度の方法によらなければならない。

令　状	鑑定処分許可状	処分者	専門家
範　囲	身体の外部だけでなく、身体の内部を検査することも可能。ただし、身体に傷害や大きな苦痛を与えることは許されない。 例　強制採血、強制採毛、レントゲンの照射等 わな　強制採尿は、捜索差押許可状（実務上は「強制採尿令状」）に基づく強制処分である。		
強制力	間接強制	被検査者が拒否した場合、過料及び費用賠償を命じたり、罰金・拘留等の刑罰の制裁を加えることができる（法225条4項、168条6項、137条、138条）。	
	直接強制	鑑定処分許可状では、実力を行使した直接強制は行うことができない。よって、実力行使を行う場合は、「身体検査令状」も併せて発付を受け、当該令状の効力で直接強制を行使する必要がある。 　鑑定処分許可状　＋　身体検査令状 　　　　　　　↓ 　　　実力行使が可能 （強制採血は上記手続で運用されている。）	

③ 捜索としての身体検査（法218条1項）

証拠物等を発見し、差押えするために必要があると認めるときに、身体を捜索できる。強制採尿についても、この処分に含まれる。

<捜索としての身体検査>

令 状	捜索差押許可状	処分者	捜査機関
内 容	証拠物の発見を目的とした処分であり、検証及び鑑定としての身体検査と目的が異なる。よって、靴下を脱がせる、上着を取らせポケットを調べる、毛髪の中を調べる程度であり、身体の一部構成している爪や毛、血液等の入手を目的とした捜索はできない。 **わな** 裸に近い状態にする場合は、検証としての身体検査となる。		
強制力	実力を行使して強制的に行える。		

<強制採尿>

令 状	強制採尿令状	処分者	専門家
ワンポイント	強制採尿のため捜索差押許可状は、身体検査令状に関する規定を準用し、医学的に相当と認められる方法で行わなければならない旨の記載が不可欠である。この令状を実務上「強制採尿令状」という。		
要 件	被検査者が説得に応じず拒否した場合であって、捜査上、真にやむを得ないと認められる場合についてのみ強制的に行える(最決昭55.10.23)。 方法としては、医学的に相当と認められる方法で行わなければならない。		
強制力	実力を行使して強制的に行える。		

ワンポイント 尿について、いずれ体外へ排出される廃棄物であるから、採尿を物の捜索・差押えと同視すべきであると解されている。

2 令状によらない身体検査

① 身柄拘束中に伴う身体検査 (法218条3項)

身体の拘束を受けている被疑者については、裸にしない限り令状によらず身体検査が可能である。

処 分 者	捜査機関
被検査者	逮捕、勾留、鑑定留置中の被疑者
範　　囲	裸にしない限り、 法218条3項明記 指紋・足型の採取、身長・体重の測定、写真撮影 のほか、掌紋の採取、あざ・ほくろ・入れ墨等の検査 等も行える。 ワンポイント 「裸にする」とは、全裸にすることだけでなく、着衣を脱がせて、通常容易に露出しない部分を露出させることも含む。
強制力	必要最低限の実力を行使して強制的に行える（横浜地判平2.11.29）。

② **逮捕の現場における身体捜索**（法220条1項2号、3項）

被疑者を逮捕する場合、逮捕の現場にて、証拠物を発見するための捜索としての身体検査をする場合には令状を要しない。

3 任意の身体検査

被疑者の自発的承諾があった場合は、令状なくして身体検査ができる。ただし、女子については、通常、衣服から露出している部分以外について、任意の身体検査をすることは妥当ではない（犯捜規107条）。

4 実施上の留意点

身体検査を受ける者の名誉	性別・健康状態等を考慮し、方法に注意して、その者の名誉を害しないように注意しなければならない（法131条1項、222条1項）。
女子の身体を検査する場合	医師又は成年の女子を立ち会わせなければならない（法131条2項、222条1項）。

練習問題

Q

次のうち、正しいものには〇、誤っているものには×を記せ。

(1) 女子の身体を検査する場合には、医師又は成年の女子をこれに立ち会わせなければならないが、急速を要する場合は、この限りではない。

(2) 身体検査を行うに当たっては、必要があると認めるときは、医師その他専門的知識を有する者の助力を得て行わなければならない。

(3) 身体検査は、いかなる場合も令状によらなければ実施できない。

(4) 身体検査の実施は緊急を要する場合が多いので、その令状の請求は、指定司法警察員に限られず、司法警察員であれば誰でも請求することができる。

(5) 甲事実によって勾留中の被疑者について、別事件である乙事実の立証のために指紋の採取を強制的に行うためには、身体検査令状を必要とする。

(6) あざ、ほくろ、入れ墨等の検認に際し、被疑者がその部分の着衣を脱するのを拒否しても、強制的に当該部分の着衣を脱がせて行うことができる。

(7) 身体の拘束を受けている女子の被疑者の指紋採取に当たっては、医師又は成年の女子を立ち会わせなければならない。

(8) 麻薬及び向精神薬取締法違反で逮捕されたA女は、麻薬を陰部に隠し持っている疑いが濃い。この場合、捜索令状のみで陰部を捜索して麻薬を取り出し差し押さえるのは妥当性に欠ける。

解　答

× (1) 女子の身体を検査するときは、必ず医師又は成年の女子を立ち会わせなければならない。女子の身体についての捜索の場合は、急速を要する場合の除外規定があるので、これと混同しないこと。

○ (2) 犯捜規160条。

× (3) 次の場合に、必要があれば令状なくして身体検査ができる。①逮捕の現場において、②身体の拘束を受けている被疑者について、指紋・足型の採取、身長・体重の測定、写真の撮影

× (4) 身体検査令状も、原則として指定司法警察員が請求すべきであるとされている（犯捜規137条）。

○ (5) 「身体の拘束を受けている被疑者」とは、当該被疑事件によって逮捕・勾留・鑑定留置中の被疑者のみを指すと解されているからである。

× (6) 通常容易に露出しない部分にあるあざ、ほくろ、入れ墨等の特徴の検認に際し、被疑者がその部分の着衣を脱することを拒否する以上は、強制的に着衣を脱がせてこれを行うことは許されない。

× (7) そのように解する説もあるが、警察庁刑事局は、法218条3項の趣旨から、同条の行為を行う限りにおいては、その性質上法222条1項（法131条）による準用はなく、立ち会わせる必要はないと解している。

○ (8) 陰部の捜索は、目的において「身体の捜索」であるが、方法の面では実質的に「身体検査」と異ならないから、捜索令状に加えて身体検査令状を得て、成年女子等の立会の下、女性警察官によって行うこと。

22　身体検査　183

論文対策

Q

S警察署A巡査部長は、強制性交等未遂の110番に基づき検索中、手配の人相・着衣に一致し、右腕に歯形のある甲を発見、職務質問の結果、甲が犯行を自供したので準現行犯人として逮捕した。その際、被害者乙の「犯人の腕と腹にかみついたので歯形があるはず」との申述もあるので、甲の腹部を調べたいが、腹部を露出させて身体検査を行うことができるか。

〔答案構成〕

1 結 論
法220条に基づき、甲の腹部を露出させて身体検査をすることができる。

2 身体検査の意義
生きている人の身体について、その形状・状態を認識するための強制処分である。

3 身体検査の種類
(1) 令状による身体検査
　法218条1項後段
(2) 令状によらない身体検査
　法220条1項2号、3項

4 令状によらない身体検査の方法
必要性と相当性の均衡

5 事例の検討
○ 逮捕の現場であるので、令状によらない身体検査が可能である。
○ 甲が犯人であることを立証するため必要である。
○ 上衣をまくりあげる程度のことでその目的が達せられ、しかも、甲は男性であり、問題はない。

出題ランク	1	2	3
★★★	/	/	/

23 通信傍受

組立て

- 通信傍受
  - 概要
    - 定義
      - 「通信」電話その他の電気通信で、全部又は一部が有線であるもの等
      - 「傍受」他人間の通信を当事者のいずれの同意も得ないでこれを受けること
    - 改正の経緯
      - 対象事件の拡大、傍受実施の効率化
  - 制度
    - 対象事件
      - 13類型の犯罪
    - 令状請求手続
      - 請求権者
        - 指定された警視以上の警察官
      - 発付要件
    - 実施類型
      - 一時的保存型傍受
      - 特定電子計算機使用型傍受

要 点

1 定 義

犯罪捜査のための通信傍受に関する法律(平成11年法律第137号)(以下「通信傍受法」という。)にいう、「通信」及び「傍受」の定義は、次のとおりである。

通信	電話(固定電話・携帯電話)その他の電気通信であって、その全部若しくは一部が有線であるもの等をいい、アマチュア無線等は含まない。具体的には、「電子メール」「FAX」がその他の電気通信に当たると解されている。
傍受	現に行われている他人間の通信について、その内容を知るため、当該通信の当事者のいずれの同意も得ないで、これを受けることをいう。よって当事者のいずれかの同意があるときは、令状は必要なく、任意捜査として行うことができる。

2 改正の経緯

(1) 通信傍受法は、法222条の2で定める「通信の当事者のいずれの同意も得ないで電気通信の傍受を行う強制の処分については、別に法律で定めるところによる。」を受けて、犯罪捜査の手段として通信傍受を用いることにつき法的根拠を与えてきた。

(2) その後、刑事訴訟法等の一部を改正する法律(平成28年法律第54号。以下「改正法」という。)により、通信傍受の対象犯罪が拡大され(3 対象事件参照)、傍受の実施方法についても合理化が図られた。

(3) そして、これまで通信傍受に必要だった通信事業者の立会いも不要となり、警察施設など捜査機関内で傍受することも可能となる、通信傍受法の改正規定が令和元年6月1日から施行され、一時的保存型傍受又は特定電子計算機使用型傍受の許可の請求の手続等についても通信傍受規則(平成12年国家公安委員会規則第13号)で規定されることとなった。

3 対象事件

通信傍受法による捜査が許される対象事件は、

当初
- 薬物犯罪
- 銃器犯罪
- 集団密航
- 組織的殺人

の4類型

であったが、その後 2(2)の改正法により、いずれも<u>組織性が疑われる</u>

- 爆発物使用
- 殺人
- 傷害や同致死
- 放火
- 誘拐
- 逮捕監禁
- 詐欺・恐喝
- 窃盗・強盗
- 児童ポルノ

の9類型

が追加され、13類型の犯罪が対象事件となった。

4 令状請求手続

請求権者	「傍受令状」の請求は検察官又は司法警察員等が請求するが(通信傍受法4条)、司法警察員にあっては、指定された警視以上の警察官に限られており、警察官が請求する場合には、警視総監又は道府県警察本部長の事前の承認が必要となる(通信傍受規則3条1項、4条1項)。
発付要件	(1) 犯罪の十分な嫌疑
	(2) 犯罪関連通信が行われる疑い
	(3) 傍受の実施の対象とすべき通信手段の特定
	(4) 捜査の困難性(補充性)

5 通信傍受の実施類型

　これまでは、携帯電話会社などに捜査員が訪れ、携帯電話などの通信事業者の人間の立会いの下に実施しているところ、傍受の都度、立会人となることが通信事業者にとって大きな負担となっていたことから、これを軽減するとともに通信傍受の実施の機動性を確保して、より効果的・効率的な通信傍受を可能とするため、従来の通信傍受に加えて、①一時的保存を命じて行う通信傍受（以下「一時的保存型傍受」という。）と②特定電子計算機を用いる通信傍受（以下「特定電子計算機使用型傍受」という。）を導入することとされた。

① 一時的保存型傍受（通信管理者等の施設で実施）

　捜査員が通信会社に赴いて、通信会社の社員立会いのもとに行う傍受方法。これまでは、リアルタイムのみでしか傍受を許されていなかったものの、裁判所から提供された変換符号を用いて暗号化させることで、一時保存などして、後に再生して聞くことも可能となった。なお、この再生の実施をするときは、<u>通信管理者等を立ち会わせなければならない</u>。またこのことによって、長時間待機しなければならない非効率的な事態を回避できることとなった。

② 特定電子計算機使用型傍受（捜査機関の施設で実施）

　通信会社と都道府県警察本部を特定の通信回線で結び、裁判所から提供された変換符号を用いて暗号化させたデータを伝送させることで、これまで通信会社でしか行えなかったものを、警察にいながら、立会いなしで行うことができるようになった。また、裁判所から提供された変換符号を用いて暗号化させることで、一時保存などして、後に再生して聞くことも可能となった。なお、この再生の実施をするときは、特定電子計算機の利用その他の技術的措置等により、通信傍受の手続の適正を確保することができることから、<u>通信管理者等による立会いは不要とされた</u>。

6 通信傍受規則の一部改正

(1) 一時的保存型傍受又は特定電子計算機使用型傍受の許可の請求の手続等について規定
(2) 傍受指導官の指名及び職務について規定
(3) 特定電子計算機の保管等について規定
(4) スポット再生や通信の当事者に対する通知書面の様式について整備

練習問題

Q

次のうち、正しいものには〇、誤っているものには×を記せ。

(1) 通信傍受法では、通信傍受について規定しているが、片方の当事者が同意していない場合も、ここにいう通信傍受に当たる。

(2) 傍受令状は、指定司法警察員(警部以上)が地方裁判所の裁判官に請求することとされており、傍受の期間は10日以内とされ、通じて30日を超えることはできない。

(3) 通信傍受は当初、通信事業者の施設内で事業者の立会いの下に行っていたが、双方に負担となっていたことから、現在は、事業者の立会いなく行うことができるなど、改正されている。

(4) 通信傍受法では、傍受すべき通信に該当するかどうか明らかでないものを傍受すべき通信に該当するかどうかを判断するため、当該通信の再生をすることができることとされている。

(5) 従来の通信傍受に加えて、特定電子計算機使用型傍受(捜査機関の施設で実施)と一時的保存型傍受(通信管理者等の施設で実施)が導入されており、一時的保存型傍受の再生の際は、立会人は不要とされた。

解 答

× (1) 通信傍受法は、法222条の2で定める「通信の<u>当事者のいずれの同意も得ないで……</u>。」を受けて、犯罪捜査の手段として通信傍受を用いることにつき法的根拠を与えている。

× (2) 警部以上ではなく、警視以上の階級にある者が行うこととされている（通信傍受法4条）。平成31年国家公安委員会規則第6号により改正された傍受指導官の指名は警部以上であるので混同しないこと（通信傍受規則6条1項）。期間については正しい（通信傍受法7条）。

○ (3) 正しい。他にも、一旦保存した通信を事後的に再生したり、通信事業者から通信を送信させて、捜査機関の施設内で傍受することなどが可能となっている。

○ (4) 正しい（通信傍受法21条3項）。これを受け、通信傍受規則では、この再生を「スポット再生」と定義し、スポット再生を必要最小限度の範囲内のものとするため、スポット傍受と同様の規定を整備することとした（通信傍受規則14条）。

× (5) 誤り。一時的保存型傍受の際は、立会人が必要とされている。特定電子計算機使用型傍受の場合は、技術的措置等により、通信傍受の手続の適正を確保できるから、通信管理者等による立会いは不要とされた。

論文対策

Q

X署では覚せい剤取締法違反の被疑者を検挙するため通信傍受を行う必要性が認められたことから、令状を請求することとなった。

この場合、誰がどのように請求する必要があるかを述べ、記載事項についても述べよ。

〔答案構成〕

1 結論

国家公安委員会又は都道府県公安委員会が指定する警視以上の警察官が地方裁判所の裁判官にこれをしなければならない（通信傍受法4条）。

2 通信傍受とは

「通信」とは、電話その他の電気通信であって、全部若しくは一部が有線であるものをいい、メールやFAXもこれに含まれる。

「傍受」とは、他人間の通信についてその内容を知るため、当事者のいずれの同意も得ないで、これを受けることをいう。

3 記載事項（犯罪捜査のための通信傍受に関する規則3条）

(1) 被疑者の氏名
(2) 被疑事実の要旨、罪名及び罰条
(3) 傍受すべき通信
(4) 傍受の実施の対象とすべき通信手段
(5) 傍受の実施の方法及び場所
(6) 傍受ができる期間
(7) 請求者の官公職氏名
(8) 請求者が、通信傍受法4条1項の規定による指定を受けた者である旨
(9) 7日を超える有効期間を必要とするときは、その旨及び事由
(10) 請求に係る被疑事実の全部又は一部と同一の被疑事実に

ついて、前に同一の通信手段を対象とする傍受令状の請求又はその発付があったときは、その旨
(11) 通信傍受法20条1項の許可の請求をするときは、その旨及びその理由並びに通信管理者等に関する事項
(12) 通信傍受法23条1項の許可の請求をするときは、その旨及びその理由並びに通信管理者等に関する事項及び傍受の実施に用いるものとして指定する特定電子計算機を特定するに足りる事項

また、被疑者の氏名が明らかでないときは、その旨を記載すれば足りる。

4 傍受できる犯罪の妥当性

覚せい剤取締法違反事件は、通信傍受法1条に定める薬物犯罪に当たることから、妥当である。

出題ランク	1	2	3
★★	/	/	/

24 微罪処分

組立て

- 微罪処分
  - 意 義
    - 軽微事件の不送致処分
  - 根 拠
    - 法246条本文の例外として同条ただし書
    - 法193条1項 検察官の一般的指示権
  - 対象事件
    - 窃盗／詐欺／横領／盗品
      - 被害額僅少
      - 犯情が軽微
      - 被害回復、被害者が処罰を希望しないもの
      - 偶発的犯行で再犯のおそれなし
    - 賭博
      - 賭けた財物が僅少
      - 犯情が軽微
      - 共犯者の全てについて再犯のおそれがない初犯者によるもの
    - 暴行
      - 凶器不使用
      - 犯情が軽微
      - 被害者が処罰を希望しないもの
      - 偶発的犯行で再犯のおそれなし
    - 検事正からの指定事件
      （都道府県によっては「単純暴行」を含む。）
  - 除外事件
    - 被疑者を逮捕した事件
    - 法令が公訴を義務づけている事件
    - 告訴・告発・自首のあった事件
    - 検事正からの送致指示事件

要 点

1 意 義

捜査した事件について、犯罪事実が極めて軽微であり、かつ、検察官から送致の手続をとる必要がないとあらかじめ指定されたものについては、送致しないことができる(犯捜規198条)。このような軽微事件の不送致処分を微罪処分という。

2 根 拠

例外	司法警察員は、犯罪を捜査したときは、速やかに書類及び証拠物とともに事件を検察官に送致しなければならない(法246条本文)が、その例外として、「検察官が指定した事件については、この限りでない」(法246条ただし書)とされている。
検事正指定	上記規定と、法193条1項の検察官の一般的指示権に基づき、各地の検事正は、「送致事件の特例に関する件」(昭和25.7.20検事総長指示)に定められた枠内で基準を定めて、微罪処分に関する通達を管轄区域内の警察官に発している。

3 微罪処分のできる事件(例)

成人の被疑事件のうち犯罪事実が軽微であって、次に掲げるいずれかに該当するものは微罪処分をすることができる。

① 被害額が僅かであり、犯情も極めて軽微で盗品の返還等被害の回復が行われ、被害者において処罰を希望せず、かつ、素行不良でない者の偶発的犯行であって再犯のおそれのない窃盗、詐欺又は横領事件及びこれに準ずる事由のある盗品に関する事件
② 得喪の目的である財物が、極めて僅かであり、犯情も軽微で共犯者の全てについて、再犯のおそれのない初犯者の賭博事件
③ 凶器を使用しておらず、犯情が極めて軽微であり、被害者

において被疑者の処罰を希望せず、かつ、素行不良でない者の偶発的犯行であって、再犯のおそれのないことが明らかな暴行被疑事件
④ 上記のほか、検事正が特に指定した特定罪種の事件

記憶法

6罪あり。3鳥(窃盗＝物とり、横領＝横どり、詐欺＝鷺) 2動物(贓物(盗品)＝象、賭博＝猿) 1棒(暴行)

4 微罪処分ができない事件

① 被疑者を逮捕した事件
② 法令が公訴を行わなければならないとしている事件
③ 告訴、告発、自首のあった事件
④ 検事正が特に送致すべきものと指示した事件

5 微罪処分の際の処置(犯捜規200条)

微罪処分を行った際には、次の処置をとること。

① 被疑者に対し、厳重に訓戒を加えて、将来を戒めること。
② 親権者、雇主その他被疑者を監督する地位にある者又はこれらの者に代わるべき者を呼び出し、将来の監督につき必要な注意を与えて、その請書を徴すること。
③ 被疑者に対し、被害者に対する被害の回復、謝罪その他適当な方法を講ずるよう諭すこと。

6 微罪処分の報告(犯捜規199条)

微罪処分を行った場合には、その処理年月日、被疑者の氏名、年齢、職業及び住居、罪名並びに犯罪事実の要旨を1月ごとに一括して、「微罪処分事件報告書」により検察官に報告しなければならない。

練習問題

Q

次のうち、正しいものには○、誤っているものには×を記せ。

(1) 微罪処分は、検察官の一般的指揮権に基づき、検察官から司法警察員に対して、微罪事件についての起訴猶予の処分権を委任したものとされている。

(2) 微罪処分の制度は、極めて軽微な事件についてまで、いちいち検察官に送致するのは、かえって刑事手続の本旨にそぐわないという考え方から出ている。

(3) 微罪処分は、健全育成の見地から、少年の刑事事件についても当然許される。

(4) 微罪処分は、犯罪事実が軽微で単純なものを対象とするから、共犯が存在するような事案は、いっさいその対象となり得ない。

(5) 被害金額が僅少であり、被害回復も済んでおり、被害者が処罰を希望しておらず、再犯のおそれのない業務上横領事件については、微罪処分ができる。

(6) 告訴・告発のあった事件であっても、犯情軽微なものについては、微罪処分ができる。

(7) 少年時に犯した微罪事件が成人時に発覚した場合には、微罪処分ができない。

(8) 遺失物横領罪は、微罪処分の対象となる。

(9) 外国人が被疑者の場合も微罪処分ができる。

解　答

× (1) 一般的指示権に基づくものである。微罪処分は、検察官から司法警察員に対して起訴猶予の処分権を委任したものであるといわれているが、その運用は、法246条ただし書を受けて、法193条1項（一般的指示）に基づいてなされている。

○ (2) 設問のとおり。

× (3) 微罪処分は成人事件に限られ、少年の刑事事件については許されない。その代わり、刑事処分や保護処分を必要としない軽微な事件について、特殊な簡易送致が認められている。

× (4) 共犯者の全てについて、再犯のおそれのない初犯者の賭博事件は、微罪処分の対象となる。

× (5) 業務上横領事件は、犯情等の点で微罪処分の対象たる「横領罪」になじまないので、これを微罪処分に付することはできない。

× (6) 告訴・告発事件、請求、自首事件については、微罪処分が許されない。

× (7) できる。送致時の年齢によって、少年か成人かを区別するからである。

○ (8) 「単純横領」とは限定されていないからである。

○ (9) 要件が充足していれば、微罪処分ができる。

論文対策

Q

スーパー・マーケットの警備員Aが、店内で万引をした甲女を現行犯人として逮捕し、S警察署に同行してきた。取調べの結果、甲女は、大学教授夫人であり、前科もなく、被害品は、化粧品1個、3,000円相当のもので、既に返還されていた。

この場合、甲女を微罪処分に付することができるか。

〔答案構成〕

1 結 論

甲女を微罪処分に付することができない。

(なお、各地方検察庁の検事正の指示内容が若干異なるため、現行犯逮捕した被疑者を送致前に釈放した場合、その事件を微罪処分にすることができる地域がある。しかし、その場合でも、私人の逮捕にかかる場合は、告訴・告発事件の処分との絡みから、微罪処分にすることは好ましくないと思われる。)

2 微罪処分の意義

(略)

3 微罪処分の要件

(略)

4 微罪処分ができない事件

① 逮捕した事件
② 法令が公訴を行わなければならないとしている事件
③ 告訴・告発・自首事件
④ 検事正が特に送致すべきものと指示した事件

5 事例の検討

甲女は、Aにより既に現行犯逮捕されている。

出題ランク	1	2	3
★★	/	/	/

25 弁護人の選任

組立て

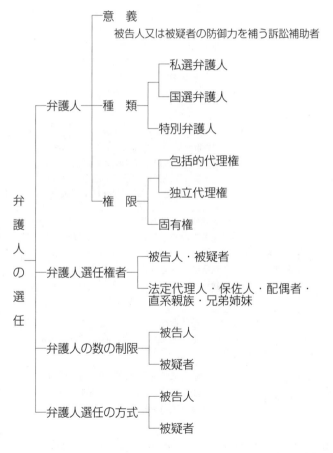

- 弁護人の選任
  - 弁護人
    - 意義
      - 被告人又は被疑者の防御力を補う訴訟補助者
    - 種類
      - 私選弁護人
      - 国選弁護人
      - 特別弁護人
    - 権限
      - 包括的代理権
      - 独立代理権
      - 固有権
  - 弁護人選任権者
    - 被告人・被疑者
    - 法定代理人・保佐人・配偶者・直系親族・兄弟姉妹
  - 弁護人の数の制限
    - 被告人
    - 被疑者
  - 弁護人選任の方式
    - 被告人
    - 被疑者

要　点

1 弁護人

意義	弁護人とは、刑事訴訟において、被告人又は被疑者の防御力を補うことを職務とする補助者である。	
種類	私選弁護人	弁護人選任権者によって選任された弁護人
	国選弁護人	被告人が貧困その他の事由により弁護人を選任することができないときや、被疑者に対して勾留状が発せられている場合において被疑者が貧困その他の事由により弁護人を選任することができないときは、裁判所は、その請求により、被告人又は被疑者のため弁護人を付さなければならない（法36条、37条の２）。 **わな** かつての被疑者国選弁護制度は、一定の重罪について勾留された被疑者のみに国選弁護人の選任の請求が認められていたが、平成28年改正法により、全事件に拡大された（平成30年６月１日施行）。
	特別弁護人	簡易裁判所又は地方裁判所においては、裁判所の許可を得たときは、弁護士でない者を弁護人に選任することができる（法31条２項）。ただし、地方裁判所においては、他に弁護士の中から選任された弁護人がある場合に限る（法31条２項ただし書）。
権限	包括的代理権	被告人・被疑者がすることのできる全ての訴訟行為で性質上代理の許されるものにつき、包括的代理権を有する。
	独立代理権	刑事訴訟法上に特別の定めのある場合に限り、本人の意思にかかわらず独立して、訴訟行為をすることができる（法41条）。

固有権	弁護人固有の権限 例 接見交通

2 弁護人選任権者

被告人・被疑者

何時でも弁護人を選任することができる(法30条1項)。

被告人又は被疑者の法定代理人、保佐人、配偶者、直系の親族及び兄弟姉妹(独立選任権者)

独立して弁護人を選任することができる(法30条2項)。
「独立して」とは、被告人・被疑者の明示・黙示の意思に関係なくということであり、その選任の効果は、当然に本人に及ぶ。

3 弁護人の数の制限

- 法35条は、訴訟手続の遅延防止と資力による不公平を是正するため、弁護人の数の制限に関して規定している。
- 特別な事情のあるときに限り、被告人については弁護人の数を3人までに制限できる(規則26条)。
- 被疑者については、原則として3人を超えることができない(規則27条)。

4 弁護人選任の方式

- 公訴提起後における弁護人の選任は、弁護人と連署した書面(弁護人選任届)を裁判所に差し出してしなければならない(規則18条)。
- 公訴提起前の被疑者については、そのような規定はないが準用されている。規則17条(公訴提起前にした弁護人の選任は、弁護人と連署した書面を当該被疑事件を取り扱う検察官又は司法警察員に差し出した場合に限り、第一審においてもその効力を有する)参照。

練習問題

Q

次のうち、正しいものには〇、誤っているものには×を記せ。

(1) 被疑者は、身体の拘束を受けたときから、弁護人の選任ができる。

(2) 通常、弁護人は、弁護士の中から選任しなければならないが、一定の場合、弁護士でない者が弁護人となることがある。

(3) 被告人又は被疑者は、貧困その他の事由により弁護人を選任することができないときは、裁判所は、その請求により、弁護人を付さなければならない。

(4) 被疑者の法定代理人、保佐人、配偶者等は、独立して弁護人を選任することができるが、被疑者の意思に反して選任することができない。

(5) 被疑者甲の内縁の妻乙、叔父丙には、弁護人選任権はない。

(6) 被疑者の弁護人の数は、裁判所が特別の事情があるものと認めて許可をした場合を除き、各被疑者について3人を超えることができない。

(7) 被疑者が自己の署名としてペンネームを記載して指印し、これに弁護人が連署した弁護人選任届は、全て無効である。

(8) 公訴の提起前にした弁護人の選任は、所定の手続をとれば、第一審においてもその効力を有する。

解　答

× (1) 公訴提起後の被告人のみならず、公訴提起前の被疑者も、何時でも弁護人を選任することができる（法30条1項）。身体の拘束の有無を問わない。

○ (2) 特別弁護人のことである。簡易裁判所・地方裁判所においては、裁判所の許可があれば、弁護士でない者を弁護人に選任することができる（法31条2項）。

× (3) 国選弁護人の選任は、被告人及び勾留された被疑者のみが請求できるのであって、被疑者は、勾留の有無を問わず、一般的に国選弁護人の選任を請求できるわけではない。

× (4) 法定代理人等のいわゆる独立選任権者は、本人の明示・黙示の意思に関係なく弁護人を選任することができる。したがって、本人の意思に反しても、本人のために弁護人を選任することができる。

○ (5) 法定代理人、保佐人、配偶者、直系親族、兄弟姉妹の観念はいずれも民法の規定による。したがって、内縁の妻は該当せず、叔父はこれらに含まれない。

○ (6) 規則27条。

× (7) 氏名は、戸籍簿上のものに限らない。ペンネームでも自己の同一性を表示するため日常的に使用されているものは署名として有効である。しかし、その場の思いつきのペンネームの場合は無効である。

○ (8) 法32条1項、規則17条。

論文対策

Q

内ゲバ事件で逮捕留置している被疑者甲から、被疑者欄に留置番号を記入のうえ、指印した弁護人選任届が提出された。

この場合、これに対し、S警察署としては、どのように対処すればよいか。

〔答案構成〕

1 結 論

可能な限り被疑者に氏名を記載した弁護人選任届を提出するように説得し、これに応じない場合は、拒否することなく受理するようにする。

2 被疑者の弁護人選任行為に関する学説

(1) 非要式行為説
   ○ 規則17条は、効力発生要件のみを規定しているにすぎない。
   ○ 捜査段階における弁護人の選任についての方式を定めた直接の規定はない。

(2) 要式行為説
   ○ 規則17条は、起訴前においても、同条の方式でなされることを予定しながらも、捜査段階であり、裁判所の所管外であるので、あえて規定しなかった。

3 判例の立場

判例も双方の立場に分かれている。

4 実務上の取扱い

警察庁では、慎重を期して、実務上は非要式行為として取り扱うべきことを指導している。

出題ランク	1	2	3
★★★	/	/	/

26 接見交通権

組立て

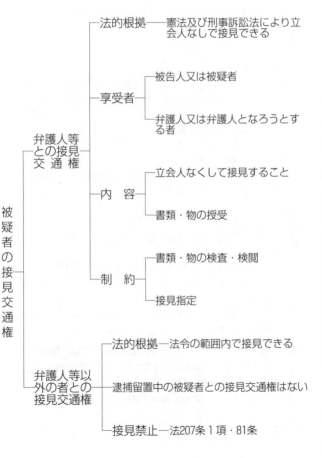

被疑者の接見交通権
├─ 弁護人等との接見交通権
│   ├─ 法的根拠──憲法及び刑事訴訟法により立会人なしで接見できる
│   ├─ 享受者
│   │   ├─ 被告人又は被疑者
│   │   └─ 弁護人又は弁護人となろうとする者
│   ├─ 内容
│   │   ├─ 立会人なくして接見すること
│   │   └─ 書類・物の授受
│   └─ 制約
│   ├─ 書類・物の検査・検閲
│   └─ 接見指定
└─ 弁護人等以外の者との接見交通権
    ├─ 法的根拠──法令の範囲内で接見できる
    ├─ 逮捕留置中の被疑者との接見交通権はない
    └─ 接見禁止──法207条1項・81条

26 接見交通権

 要　点

1 弁護人等との接見交通権

法的根拠	「憲法34条拘禁に対する保障」及び「憲法37条3項刑事被告人の権利」を受け、法39条1項は、「身体の拘束を受けている被告人又は被疑者は、弁護人又は弁護人を選任することができる者の依頼により弁護人となろうとする者と立会人なくして接見し、又は書類若しくは物の授受をすることができる。」と規定している。すなわち、接見交通権は、被告人及び被疑者にとって憲法に由来する基本的な権利である。 わな　立会人なくしては接見にのみかかり、書類若しくは物の授受にはかからない。
接見交通権の享受者	・　身体の拘束を受けている被告人又は被疑者 ・　弁護人又は弁護人となろうとする者 （前者は、既に弁護人選任届を終わった者であり、後者は、弁護人選任権者から依頼を受けているが、選任手続の未了の者である。）
接見交通権の内容	・　立会人なくして接見すること。 ・　書類若しくは物の授受をすること。
接見交通権の制約	**書類・物の検査・検閲** 勾留中の被疑者については、刑事収容施設及び被収容者等の処遇に関する法律（以下「刑事収容施設法」という。）の定めるところにより、弁護人等との間の信書を検閲し、物の検査を行い、その授受を制限することができる（法39条2項）。 わな　刑事収容施設法の施行前は、逮捕留置中の被疑者については監獄法（既に廃止）の適用はなかったが、刑事収容施設法は、逮捕留置中の被疑者についても適用される。

接見指定	捜査機関は、捜査のため必要があるときは、公訴の提起前に限り、接見・授受に関し、その日時、場所及び時間を指定することができる（法39条3項）。 ・ 「捜査のため必要があるとき」とは、取調中、検証立会中、指紋採取中等のほか、間近い時に取調べなどをする確実な予定がある場合も含む。 ・ 接見の時期・回数・時刻・時間の目安 　・ 時期・回数〜逮捕中1回、勾留中2回、延長された場合さらに2回くらい 　・ 時刻〜執務時間内が原則であるが、弁護人と打合せの上時間外に指定してもよい。 　・ 時間〜逮捕中10〜15分間、勾留中は20分間

2 弁護人等以外の者との接見交通

法的根拠	法207条1項、80条（勾留されている被疑者は、弁護人等以外の者と、法令の範囲内で、接見し、又は書類若しくは物の授受をすることができる。） ・ 「法令」〜刑事収容施設及び被収容者等の処遇に関する法律・刑事施設及び被収容者の処遇に関する規則 ・ 接見も、警察官の立会の下となる。
逮捕留置中の被疑者との接見交通	逮捕留置中の被疑者は、弁護人等以外の者との接見交通権を有しない。
接見禁止	裁判官は、逃亡し又は罪証を隠滅すると疑うに足りる相当な理由があるときは、検察官の請求により、又は職権で、勾留されている被疑者と弁護人等以外の者との接見を禁じ、又はこれと授受すべき書類その他の物を検閲し、その授受を禁じたり差し押さえることができる（法207条1項、81条）。

練習問題

Q

次のうち、正しいものには〇、誤っているものには×を記せ。

(1) 身体の拘束を受けている被疑者は、弁護人との接見に際して、立会人なくして書類の授受を行うことができる。

(2) 「弁護人になろうとする者」には、自発的意思によって被疑者の弁護人になろうとしている弁護士も含まれる。

(3) 被疑者の弁護人に対し、捜査機関が捜査上の必要がある場合に、接見の日時、場所、時間を指定することができるのは、公訴の提起される前に限られる。

(4) 被疑者は、弁護人と立会人なくして接見することができるので、証拠隠滅のおそれがあっても立会人を置くことはできない。

(5) 家族からジュース、たばこの差入れがあった。逮捕留置中の被疑者であっても糧食の授受は禁止することができないので、これらを受理する必要がある。

(6) 接見禁止の効力は、弁護人には及ばない。

(7) 公訴提起前に被疑者についてなされた接見禁止の効力は、公訴の提起によってその効力を失うので、必要があるときは改めて裁判官に請求しなければならない。

(8) 被疑者の逮捕時から検察官に送致するまでのいわゆる警察時間内においても、弁護人と被疑者との接見の機会を少なくとも1回以上付与すべきであるとされている。

解 答

× (1) 立会人なくしてできるのは、接見である。書類・物の授受については、法令で、被疑者・被告人の逃亡、罪証の隠滅又は戒護に支障のある物の授受を防ぐため、必要な措置を規定することができるとされている（法39条2項）。

× (2) 「弁護人になろうとする者」とは、弁護人選任権者から依頼を受けているが、選任の手続の済んでいない者をいい、設問のような自発的意思によるいわゆる押し掛け弁護士はこれに該当しない。実務上は被疑者にその旨を伝え、弁護人選任の意思があれば弁護人になろうとする者として、所要の措置を採る。

○ (3) 法39条3項。

○ (4) たとえそのおそれがあっても立会人を置くことはできない。

× (5) 逮捕留置中の被疑者は、勾留中の被疑者と異なり、弁護人等以外の者との接見及び書類・物の授受をする権利はない。しかし、法81条の趣旨から逮捕留置中の被疑者についても糧食の授受を禁止することはできないと解されている。ところが、糧食とは、主食と副食及びこれらを食する際の湯茶の類を指し、ジュースやたばこ等の嗜好品はこれに含まれない。

○ (6) 接見禁止は、被疑者と弁護人等以外の者との間における接見交通に関してなされる処分である。

× (7) 接見禁止の効力は、原則として、公訴提起によって影響されない。接見禁止の裁判には、法律上接見禁止期間の定めがないからである。

○ (8) 被疑者と弁護人との接見交通権は、たとえ捜査の必要があるときでも、これを不当に制限してはならないという趣旨から妥当とする。法39条3項参照。

26 接見交通権 211

論文対策

Q

窃盗罪で勾留中の被疑者甲の弁護人Yが甲と接見した。留置管理係員Aは、接見終了直後にYがテープレコーダーを鞄に納めるのを認めたので、質問したところ、Yは、甲との会話内容を録音した旨を申し述べた。

この場合、当該録音テープの内容を検査することができるか。

〔答案構成〕

1 結論

当該録音テープの内容を検査することができる。

2 被疑者と弁護人の接見交通権

法39条1項「……立会人なくして接見し、又は書類若しくは物の授受をすることができる。」

3 録音テープに収録する行為の性質

手帳等に記録する行為と同性質のもので、弁護人の接見交通権の範囲内に属する。

4 録音テープを持ち帰る行為

○ 録音テープは、被疑者の供述書に類似した性格を有している。

○ 録音テープを持ち帰る行為は、「書類の授受」に準じた取扱いとなる。

○ したがって、刑事収容施設法に定めるところにより、当該テープを再生聴取して、その内容を検査し、必要があれば当該部分を消去させることができる。

出題ランク	1	2	3
★★	/	/	/

27 証 拠

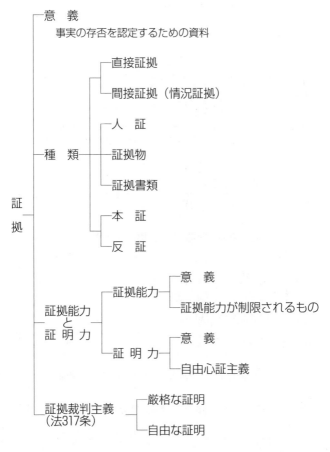

組立て

- 証拠
  - 意 義
    事実の存否を認定するための資料
  - 種 類
    - 直接証拠
    - 間接証拠（情況証拠）
    - 人 証
    - 証拠物
    - 証拠書類
    - 本 証
    - 反 証
  - 証拠能力と証明力
    - 証拠能力
      - 意 義
      - 証拠能力が制限されるもの
    - 証明力
      - 意 義
      - 自由心証主義
  - 証拠裁判主義（法317条）
    - 厳格な証明
    - 自由な証明

要 点

1 意 義

法317条は「事実の認定は、証拠による。」と規定しているとおり、裁判における事実の存否を認定するための資料が証拠である。

公判においては、適法に収集された証拠によって犯罪事実が証明されなければならない。

2 種 類

直接証拠と間接証拠（情況証拠）	
直接証拠	要証事実（犯罪事実）を直接説明するのに役立つ証拠 例 犯行の目撃証人やその証言
間接証拠（情況証拠）	要証事実を推認させる事実を証明することによって間接的に要証事実を証明するのに役立つ証拠 例 遺留指紋

人証・証拠物・証拠書類	
証拠調べの方式からの区別である。	
人証	生存する人の供述内容が証拠となる場合
証拠物	物、状態、凶器、被害品等
証拠書類	捜査機関が作成した供述調書、その他書類等

本証と反証	
本証	その事実につき挙証責任を負う者が提出する証拠
反証	本証により証明される事実を否定する者が提出する証拠

3 証拠能力と証明力

証拠能力	
意義	証拠能力とは、事実認定の資料として用いられ得る法律的な資格をいう。 証拠能力は、法定されており裁判官の自由な判断を許さない。
証拠能力が制限されるもの	① 任意性のない自白 ② 伝聞証拠 ③ 意思表示的文書(例：起訴状) ④ 違法収集証拠
証明力	
意義	証拠の証明力とは、証拠能力が認められた証拠のもつ実質的価値、すなわち裁判官をして事実についての心証を形成させる効力をいう。
自由心証主義	証拠の証明力は、原則として裁判官の自由な判断に委ねられる(法318条)。

4 証拠裁判主義

法的根拠	法317条「事実の認定は、証拠による」 重要な事実については、厳格な要件に合致した証拠によらなければ認定できないとする趣旨
厳格な証明	証拠能力があり、かつ、適法な証拠調べを経た証拠による証明のことをいう。 対象となる事実は、公訴犯罪事実、処罰条件、両罰規定事実、累犯加重理由等
自由な証明	厳格な証明による必要がなく、何らかの証拠で何らかの手続によりなされる証明をいう。

参考判例

適法な所持品検査として証拠能力が認められた事例(米子事件)
最判昭53.6.20

銀行強盗の容疑が濃厚な者が所持していたバッグのチャックを承諾のないまま開披した警察官の行為は、猟銃や登山用ナイフを使用しての銀行強盗という重大な犯罪が発生した状況下において、被告人甲と乙に濃厚な容疑が存在し、しかも甲と乙が警察官の職務質問を拒否するなどの不審な挙動をとり続けたため、所持品検査の緊急性、必要性が強かった反面、所持品検査の態様はバッグのチャックを開披し、内部を一べつしたにすぎないものであり、これによる法益の侵害はさほど大きいものではなく、その方法と程度も相当と認めうる行為であるから、警職法2条1項の職務質問に付随する行為として許容される。

間接証拠の証明力　最決平19.10.16

刑事裁判における有罪の認定に当たっては、合理的な疑いを差し挟む余地のない程度の立証が必要である。ここに合理的な疑いを差し挟む余地がないというのは、反対事実が存在する疑いを全く残さない場合をいうものではなく、抽象的な可能性としては反対事実が存在するとの疑いをいれる余地があっても、健全な社会常識に照らして、その疑いに合理性がないと一般的に判断される場合には、有罪認定を可能とする趣旨である。そして、このことは、直接証拠によって事実認定をすべき場合と、情況証拠によって事実認定をすべき場合とで、何ら異なるところはないというべきである。

間接証拠の証明力　最判平22.4.27

刑事裁判における有罪の認定に当たっては、合理的な疑いを差し挟む余地のない程度の立証が必要であるところ、情況証拠によって事実認定をすべき場合であっても、直接証拠によって事実認定をする場合と比べて立証の程度に差があるわけではないが、直接証拠がないのであるから、情況証拠によって認められる間接事実中に、被告人が犯人でないとしたならば合理的に説明することができない事実関係が含まれていることを要するものというべきである。

取調警察官の備忘録は証拠開示命令の対象となり得るか
最決平19.12.25

刑訴法316条の26第1項の証拠開示命令の対象となる証拠は、必ずしも検察官が現に保管している証拠に限られず、当該事件の捜査の過程で作成され、又は入手した書面等であって、公務員が職務上現に保管し、かつ、検察官において入手が容易なものを含む。

取調警察官が、犯罪捜査規範13条に基づき作成した備忘録であって、取調べの経過その他参考となるべき事項が記録され、捜査機関において保管されている書面は、当該事件の公判審理において、当該取調べ状況に関する証拠調べが行われる場合には、刑訴法316条の26第1項の証拠開示命令の対象となり得る。

捜査過程で作成したメモは証拠開示命令の対象となり得るか
最決平20.6.25

犯罪捜査に当たった警察官が犯罪捜査規範13条に基づき作成した備忘録であって、捜査の経過その他参考となるべき事項が記録され、捜査機関において保管されている書面は、当該事件の公判審理において、当該捜査状況に関する証拠調べが行われる場合、刑訴法316条の26第1項の証拠開示命令の対象となり得る。

警察官が捜査の過程で作成し保管するメモが証拠開示命令の対象となるものか否かの判断は、裁判所が行うべきものであり、裁判所は、その判断のために必要があるときは、検察官に対し、同メモの提示を命ずることができる。

取調べメモは証拠開示命令の対象となり得るか　最決平20.9.30

警察官が私費で購入したノートに記載し、一時期自宅に持ち帰っていた本件取調べメモについて、同メモは、捜査の過程で作成され、公務員が職務上現に保管し、かつ、検察官において入手が容易な証拠であり、弁護人の主張と同メモの記載の間には一定の関連性が認められ、開示の必要性も肯認できないではなく、開示により特段の弊害が生じるおそれも認められず、その証拠開示を命じた判断は、結論において是認できる。

練習問題

Q

次のうち、正しいものには○、誤っているものには×を記せ。

(1) 法317条は、「事実の認定は、証拠による。」と規定しているが、これは、証拠裁判の原則、証拠裁判主義を宣言したものとされている。

(2) 供述証拠とは、一定の事実の体験その他の知識を報告するものをいい、それ以外のものが非供述証拠である。

(3) 証拠書類とは、証拠物のうち書面の意義が証拠となるもの、例えば、わいせつ文書・脅迫文書等がこれに当たる。

(4) 自由な証明の対象となる事実は、厳格な証明の対象となる事実以外の事実であれば、実体法に関する事実であると訴訟法的事実であるとを問わない。

(5) 犯罪事実そのものが刑罰権の基礎をなすものであるから、これらが厳格な証明の対象となることについては全く異論がない。

(6) 証拠能力とは、証拠が厳格な証明の資料として用いられるための法律的な資格をいい、証拠の証明力は、裁判官の自由な判断に委ねられるものである。

(7) 直接証拠とは、要証事実を直接証明するのに役立つ証拠をいい、情況証拠ともいう。現場に残された遺留指紋等がこれに当たる。

解　答

○ (1) 法317条は、事実の存否を決定するには、原則として証拠が必要であるという自明の理を定めたものではなく、特殊な法規範的意味内容をもつ。これは、「公訴犯罪事実及びこれに準ずる一定範囲の重要な事実の認定については、厳格な証明が必要である」という意味である。

○ (2) 証拠資料としての性質による区別である。

× (3) 記述内容が「証拠物たる書面」のものとなっている。証拠書類とは、当該事件の訴訟手続に関して作成された、その内容ないし意義が証拠となる全ての報告文書をいい、供述調書・被害届等がこれに当たる。

○ (4) 特に、訴訟法的事実については、原則として、自由な証明でよいとされている。

○ (5) 犯罪事実は、刑罰権の根拠と範囲にかかわる事実であるから、当然、厳格な証明を必要とするので、これに関する異論はない。

○ (6) そのとおりである。現行刑事訴訟法は、事実認定の合理性を担保するために二つの面から制限を加えている。一つは、形式的資格としての証拠能力であり、他の一つは、実質的価値としての証明力である。

× (7) 情況証拠と呼ばれるのは、間接証拠の場合である。また、遺留指紋は、間接的に犯罪事実と被告人との結びつきを推測させるもので、間接証拠に当たる。

論文対策

Q

S警察署のA・B巡査は、パトカーで警ら中、一見、暴力団員風の男甲がパトカーの姿を見て慌てて右手に所持していた物を左内ポケットに入れるのを認めたので、近づき職務質問を実施した。顔色等から甲は覚醒剤常習者の疑いが濃厚なため、所持品の提示について説得を行ったが、甲は頑強にこれを拒否したので、上衣の外から左胸付近を触ったところ、固い物の存在が感じられた。提出を促すも、これを拒否したので、A巡査が左内ポケット内に手を入れて該物を取り出したところ、溶液入り注射器であった。溶液についてマルキース試薬により検査したところ、覚醒剤であることが判明したので、甲を現行犯人として逮捕した。

この場合、注射器・同器内容液の証拠能力について論ぜよ。

〔答案構成〕

1 結 論

一応証拠能力が認められると考える。

2 違法収集証拠の証拠能力

(1) 証拠能力許容説
(2) 証拠能力排除説
(3) 判例〜大勢は許容説を採っているが、排除説への移行の兆しが認められる。

3 事例の検討

○ 内ポケット内の物を取り出す行為は、職質に付随する所持品検査の許容限度を超えており、違法といえる。

○ しかし、本件証拠物の押収手続の違法は必ずしも重大といえないから、証拠能力を認め得る。

出題ランク	1	2	3
★★★	/	/	/

28 自白の証拠能力・証明力

組立て

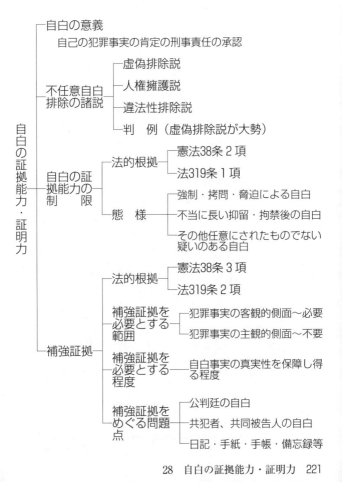

28 自白の証拠能力・証明力 221

要 点

1 自白の意義

自白とは、自己の犯罪事実の全部又はその主要な部分を肯定するとともに、自己の刑事責任を承認する供述をいう。

自白は、供述のなされた時期・場所・方法・相手方のいかんを問わないし、また、口頭の供述でも書面でもよい。

2 任意性のない自白の排除に関する諸説

虚偽排除説	虚偽の介入する余地が多く、真実の発見を誤らせるおそれが大きいためであるとする。
人権擁護説	黙秘権等の人権保障の担保として、強制などによる自白を排除するためであるとする。
違法性排除説	自白を得る方法・過程の違法を排除するためであるとする。
判例	虚偽排除説を採っているようであるが、近時、違法性排除説に基づくものも見受けられる。

3 自白の証拠能力の制限

法的根拠	憲法38条2項、法319条1項ともに「強制、拷問又は脅迫による自白、不当に長く抑留又は拘禁された後の自白その他任意にされたものでない疑のある自白は、これを証拠とすることができない。」旨規定している。
態様	① 強制、拷問又は脅迫による自白 　**例** 手錠のままの取調べ、数人がかりの取調べ等は問題となる。 　追及的取調べによる自白は、不任意の自白とはいえない。 ② 不当に長く抑留又は拘禁された後の自白 　一概にはいえない。被告人の心身の状態（性別・年齢・健康）等の主観的事情と事件の性質、逃亡・証拠

	隠滅のおそれの有無等の客観的事情により決する。 ③ その他任意にされたものでない疑いのある自白 **例** 約束による自白、偽計による自白、違法手続の下で取得された自白等が問題となる。

4 補強証拠

法的根拠	憲法38条3項は、「何人も、自己に不利益な唯一の証拠が本人の自白である場合には、有罪とされ、又は刑罰を科せられない。」とし、 法319条2項は、「被告人は、公判廷における自白であると否とを問わず、その自白が自己に不利益な唯一の証拠である場合には、有罪とされない。」と規定している。
補強証拠を必要とする範囲・程度	・ 犯罪事実の客観的側面の全部又は少なくともその重要な部分について必要とする。 ・ 犯罪の主観的側面については、不要である。 ・ 被告人の自白と相まって事実を証明できる程度ないしは、自白にかかる事実の真実性を保障し得る程度の証明力が必要である。
補強証拠適格をめぐる問題点	・ 公判廷における自白も補強証拠とならない。 ・ 共犯者の自白は、補強証拠となる。 ・ 被告人が嫌疑を受ける前に作成した日記・手紙・手帳・備忘録の類は、たとえ自白ないし不利益事実を承認した供述を含んでいても補強証拠となる。

練習問題

Q

次のうち、正しいものには○、誤っているものには×を記せ。

(1) 補強証拠がなければ自白だけで有罪とすることができないとするのは、自由心証主義の例外である。

(2) 補強証拠は、自白した犯罪事実の全部にわたる必要はないが、故意、盗品等に関する罪の知情等主観的要素部分には必ず必要である。

(3) 被告人の公判廷における自白を公判廷外の自白、つまり捜査段階での自白で補強しても、被告人を有罪とすることはできない。

(4) 共同被告人の自白は、他の共犯者の自白に対する補強証拠となり得るとされている。

(5) 供述拒否権の告知をせずに供述させて得た自白は、任意性の有無を問わず、証拠能力がないとするのが判例の従来からの見解である。

(6) 任意性がないことの明らかな自白はもとより、任意性のない疑いのある自白も証拠能力が認められない。

(7) 強制・拷問等の違法手続と自白との間に因果関係を必要とせず、それらの自白採取手続が先在するだけで自白の任意性が否定される。

(8) 自白の証拠能力及び証明力の有無は、裁判官の自由な判断に委ねられている。

(9) 証拠能力の否定された自白も、検察官及び被告人が証拠とすることに同意した場合には、裁判所が相当と認めるときに限り、証拠能力が認められる。

解　答

○ (1) 証拠の証明力を裁判官の自由な判断に委ねるとする（法318条）自由心証主義の重大な例外である。

× (2) 犯意等の犯罪の主観的側面については、補強証拠は必要とされず、被告人の自白の唯一の証拠として主観的事実（例：犯意）を認定することができる。この部分については、補強証拠がないのが普通であり、これを要求するのは無理だからである。

○ (3) 別の機会になされた自白がいくつあっても、その一つの自白を他の自白の補強証拠とすることができない。

○ (4) 学説は分かれているが、判例は積極に解し、共同被告人の自白も補強証拠となり得るとしている。

× (5) 捜査機関がその取調べに際し、黙秘権のあることを告知しなかったからとして、この取調べに基づく被疑者の供述が任意性を欠くものと速断することができないとした最高裁判例（昭25.11.21）がある。

○ (6) 憲法38条2項、法319条1項。

× (7) 通説・判例は、虚偽排除説の立場から、自白の証拠能力が否定されるためには、強制・拷問等が原因となってその自白がなされたという因果関係のあることが必要であるとしている。

× (8) 自白の証明力は、裁判官の自由な心証に委ねられているが、証拠能力は刑事訴訟法により法定されている。

× (9) 証拠能力が否定された自白は、当事者が同意したとしても、証拠能力が付与されるものではない。

28　自白の証拠能力・証明力　225

 論文対策

Q

S警察署A捜査係長は、交通勤務員が軽犯罪法違反の現行犯人として逮捕した甲を取り調べていたところ、住居・氏名を明らかにしたうえ、所持しているカメラは、T駅待合室の椅子の上に置いてあったものを置引きしたものであることを自供した。甲の自供に基づいて裏付捜査をしたが、最終的に被害事実を確認することができなかった。

この場合、カメラの窃盗事件について有罪の判決を得ることができるか否か論ぜよ。

〔答案構成〕

1 結 論

本問事例の事実だけでは、有罪判決を得るのは困難であると考える。

2 自白と補強証拠

(1) 法的根拠
   ○ 憲法38条3項
   ○ 法319条2項

(2) 補強証拠を必要とする範囲・程度
   ○ 範囲〜犯罪事実の客観的側面の全部又は一部
   ○ 程度〜自白にかかる事実の真実性を保障し得る程度

3 事例の検討

○ 被害事実(犯罪事実の客観的側面)の未確認
○ 当該カメラが甲のものでない情況証拠がない。
○ 犯罪事実が未決定(窃盗なのか占脱なのか不明)

出題ランク	1	2	3
★★	/	/	/

29 伝聞証拠

組立て

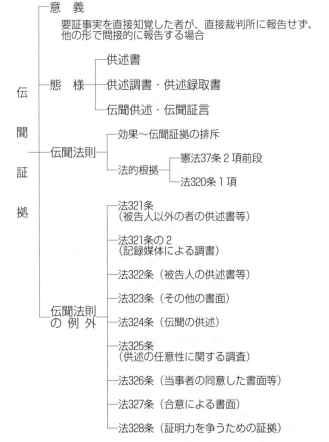

```
          ┌ 意 義
          │  要証事実を直接知覚した者が、直接裁判所に報告せず、
          │  他の形で間接的に報告する場合
          │          ┌ 供述書
          │  態 様 ─┼ 供述調書・供述録取書
          │          └ 伝聞供述・伝聞証言
 伝       │
          │            ┌ 効果～伝聞証拠の排斥
 聞       │  伝聞法則 ─┤          ┌ 憲法37条2項前段
          │            └ 法的根拠 ┤
 証       │                        └ 法320条1項
          │
 拠       │            ┌ 法321条
          │            │ (被告人以外の者の供述書等)
          │            │
          │            ├ 法321条の2
          │            │ (記録媒体による調書)
          │            │
          │            ├ 法322条(被告人の供述書等)
          │            │
          │  伝聞法則 ┼ 法323条(その他の書面)
          │  の 例 外 │
          │            ├ 法324条(伝聞の供述)
          │            │
          │            ├ 法325条
          │            │ (供述の任意性に関する調査)
          │            │
          │            ├ 法326条(当事者の同意した書面等)
          │            │
          │            ├ 法327条(合意による書面)
          │            │
          └            └ 法328条(証明力を争うための証拠)
```

29 伝聞証拠 227

 要 点

1 意 義

伝聞証拠とは、要証事実（犯罪事実）を知覚した者が、自身で直接裁判所に報告せずに、他の形で間接的に裁判所に報告する場合をいう。

2 態 様

供述書	ある事実の体験者が自らその体験を書面に書いたもの 例 AがBを殴っている現場を目撃した甲が「AがBを殴るのを見た」旨を自ら書面に記述した場合
供述録取書・供述書	体験者からそれを聞いた他人がその内容を書面に書いたもの 例 甲を取り調べた捜査官乙が、「AがBを殴るのを見た」という甲の供述内容を調書に録取した場合
伝聞供述・伝聞証言	体験者からそれを聞いた他人が、聞いた内容を報告する場合 例 甲から「自分はAがBを殴るのを見た」と聞いた第三者の丙が法廷で、「AがBを殴るのを見たということを甲から聞いた」と証言する場合
以上の三つの場合において、「AがBを殴るのを見た」という甲の体験事実を公訴事実の証明にしようとするとき、それらを伝聞証拠といい、「AがBを殴るのを見た」という甲の供述を原供述という。 ワンポイント 原供述が伝聞証拠であるかどうかは、それによって証明しようとする事実との関係で決まる。		

3 伝聞法則（伝聞証拠排斥の原則）

伝聞証拠には原則として証拠能力が認められない。
その理由は、人が事実を知覚してから供述するまでの心理過程の各段階に誤謬が入り込む可能性が大きいうえ、意識的な虚偽供述のおそれもあるので、これらを吟味するために反対尋問が必要であるが、伝聞証拠には、反対尋問の機会が与えられて

> いないからである。
>
> 憲法37条2項前段は、被告人の反対尋問権を保障している。
>
> 法320条1項は、「公判期日における供述に代わる書面」(①供述書②供述調書) 及び「公判期日外における他の者の供述を内容とする供述」(③伝聞供述) について証拠能力を排斥している。

4 伝聞法則の例外

全ての伝聞証拠に反対尋問の機会を与えなければならないとすれば、例えば、供述人の死亡、遠隔地から出廷等極めて不便なことも生ずる。そこで、原供述が反対尋問による吟味を必要としないほど信用があるものについては例外とした。

その基準は、

○ 信用性のある情況的保障のあること

○ 必要性のあること

の2点である。刑事訴訟法も321条以下に伝聞法則の例外を規定した。

> 伝聞法則の例外
>
> 法321条~328条の場合 (法320条1項)
> ① 反対尋問が不可能であった場合~被告人の供述 (322条・324条) とそれ以外の者の場合とがある。後者には、裁判官面前調書(321条1項1号)、検察官面前調書(同項2号)、その他書面 (同項3号) (321条の2) がある。
> ② 不完全な反対尋問の機会付与であった場合~自己矛盾の供述 (321条1項1号・2号)、検証調書・鑑定調書 (同条3項・4項)、公判調書・裁判官検証調書 (同条2項) がある。
> ③ 反対尋問を必要としなかった場合~特信文書 (323条)、同意書面 (326条)、合意書面 (327条) がある。
> ④ その他~任意性調査 (325条)、証明力を争う証拠 (328条)

29 伝聞証拠

練習問題

Q

次のうち、正しいものには○、誤っているものには×を記せ。

(1) 甲の公判廷における「乙は、私たち大勢の前で『AがBを殴るのを見た』と言いました」という供述は、乙のAに対する名誉毀損事件の証明に関しては、伝聞証拠に当たる。

(2) 甲から「自分はAがBを殴るのを見た」と聞いた第三者の乙が法廷で、「AがBを殴るのを見たということを甲から聞いた」と証言する場合、この証言は伝聞証拠に当たる。

(3) 伝聞証拠とは、法律上、反対当事者の反対尋問を経ない証拠をいい、例えば、被疑者や参考人の供述を録取した供述調書は伝聞証拠であるが、それらの者が自ら作成した上申書・供述書は伝聞証拠ではない。

(4) 文書偽造罪を構成する偽造文書は、伝聞証拠には当たらない。

(5) 公判期日における参考人の供述録取書は、伝聞証拠であるから証拠とならない。

(6) 伝聞法則の例外を認める根拠として、信用性の情況的保障の原則がある。これは、証拠の内容が真実であることに極めて高い信用性がある場合は、証拠能力を認めてよいという考え方に基づくものである。

(7) 伝聞法則の例外を認める根拠として、必要性の原則がある。これは、原供述者の死亡等のように原供述を公判廷でテストできないが、これを採用しないと、かえって事実誤認のおそれがある場合等をいう。

解　答

× (1) 原供述が伝聞証拠であるかどうかは、それによって証明しようとする事実との関係で決まる。設問の供述は、Aの暴行事件の証拠としては、伝聞証拠に当たるが、乙のAに対する名誉毀損事件の証拠としては、原本証拠であって、伝聞証拠ではない。

○ (2) 伝聞証言の形態の伝聞証拠である（ただし、AのBに対する暴行被告事件に関するものとする）。

× (3) 伝聞証拠とは、反対尋問の機会が与えられていない公判廷外の供述であって、その供述内容が公訴事実の証明に供せられるものをいうから、被疑者や参考人が自ら作成した上申書等も書面である限り、反対尋問を経ていないことに変わりがないから、やはり伝聞証拠に当たる（供述書の形態）。

○ (4) 証拠物であり、伝聞証拠ではない。

× (5) 被告人以外の者（参考人等）の供述を録取した書面については、法321条1項によってその証拠能力が制限されているが、公判期日における被告人以外の者の供述を録取した書面については、法321条2項によって無条件に証拠とすることができるとされている。

× (6) 証拠の内容が真実であることの証明力と混同してはならない。信用性の情況的保障とは、伝聞証拠であっても、その供述を反対尋問によってテストしなくても信用できるような外部的状況の下でなされたことが保障されていれば、証拠能力を認めてよいという考え方に基づくものである。

○ (7) 設問のとおり。

論文対策

Q

窃盗被告事件の公判過程で、被害者Yが作成提出した盗難被害届の作成年月日が記載漏れになっていることが判明した。

この場合の当該被害届の証拠能力について論ぜよ。

〔答案構成〕

1 結論

被害届における作成年月日の遺漏は、証拠能力を直ちに否定しなければならないような重大な瑕疵とは認められないから、当該被害届が作成された経過、特に作成年月日が記載漏れになった理由が疎明され、被害届の他の記載部分の信憑性に影響を及ぼすものでなければ、証拠能力が付与されると考える。

2 被害届の法的性格

○ 被害者自ら作成したものも、警察官が代書したものも、被害者本人の供述書とされる。

3 被害届の証拠能力

○ 被害届は、法320条1項の伝聞証拠に当たる。
○ しかし、法321条1項3号の該当書面でもある。

4 形成不備書類と証拠能力

○ 判例（最判昭23.5.12）は、作成年月日の記載がない被害上申書に、証拠能力を認めている。

5 事例の検討

○ 被害届は、被害上申書とその性格を同じくする。
○ 信憑性に疑いを持たれるような特段の事情が存在しないことが疎明されれば、証拠能力が認められる。

	出題ランク	1	2	3
	★★	/	/	/

30 被告人の供述書等の証拠能力

組立て

被告人の供述書等の証拠能力

- 伝聞法則の例外とされる理由
  - 書面であるからやはり伝聞証拠である
  - 検察官の反対尋問権を確保する必要がある

- 法的根拠
  法322条

- 要件（1項）
  供述書
  供述録取書（署名・押印有）　　｝　不利益事実承認
  　　　　　　　　　　　　　　　　特信情況の存在
  - 不利益事実の承認～全部又は一部の自白、不利益な間接事実の承認も含む
  - 特信情況の存在で証拠能力が認められるのは、検察側に有効な反対尋問権が保障されていないからである
  - 署名等のない供述録取書も、法326・328条で証拠能力が付与される場合がある

- 要件（2項）
  公判期日等における供述録取書～「その供述が任意にされたものであると認めるときに限り」

 要　点

1 法322条が伝聞法則の例外とされる理由

○ 被告人の供述書・供述録取書の証拠能力については、法322条に規定されており、一定の要件の下で証拠能力が認められている。
○ 本条該当の書面については、他の伝聞証拠と異なり被告人の証人尋問権の侵害問題は生じない。なぜならば、被告人が原供述者たる自己自身に対して反対尋問をすることは意味をなさないからである。
○ それにもかかわらず、本条が伝聞法則の例外として規定された理由は、
① 書面であるという意味では、やはり伝聞証拠であるということ
② 特に、被告人に利益な事実、少なくとも不利益でない事実の承認を内容とする場合には、検察官の反対尋問権を確保する必要があること
に基づいている。

2 被告人の供述書等の証拠能力

法的根拠（法322条1項）

① 被告人が作成した供述書
② 被告人の供述を録取した書面で被告人の署名若しくは押印のあるもの

は、

ⓐ その供述が被告人に不利益な事実の承認を内容とするものであるとき
ⓑ 特に信用すべき情況の下にされたものであるときに限り

これを証拠とすることができる。

○ 被告人の供述書には、被告人の手記・上申書・始末書等のほか、当該被告事件と無関係に作成したメモ・日記等も含まれる。

○ ここでいう被告人は、当該被告人だけを指し、共犯はもちろん、共同被告人を含まない。

> **わな** 被告人が被疑者あるいは参考人の立場にあった当時に作成されたものも含まれる。

要 件	
不利益事実の承認	不利益な事実の承認とは、自白を含む広い意味で、いわゆる犯罪事実の全部又は一部の自白のほか、自己に不利益な間接事実を認めることも含む。 判例は、「被告人の否認供述調書でも、犯罪の外形的事実を承認した点で不利益なものは、刑訴法322条にいう不利益な事実の承認である」として証拠能力を認めている(最決昭32.9.30)。
特信情況の存在	被告人に有利な供述については検察官の反対尋問がなされてしかるべきところ、被告人には黙秘権が保障されているため、検察官は有効な反対尋問を尽くせないことになる。そこで、これに代わるべきものとして、「特に信用すべき情況の下にされたものであるとき」に限り証拠能力が認められるとされた。
公判期日等における被告人の供述録取書は、その供述が任意にされたものであると認めるときに限り、無条件で証拠となり得る(法322条2項)。	

練習問題

Q

次のうち、正しいものには〇、誤っているものには×を記せ。

(1) 被告人の供述を録取した書面とは、反対当事者である捜査機関によって作成されたものに限るとされている。

(2) 司法警察職員が作成した被疑者供述調書は、被疑者の署名若しくは押印があって、その供述が自己に不利益な事実の承認を内容とするものであるときに限り、証拠能力が認められる。

(3) 被告人の供述を録取した書面で、被告人の署名があるが押印のないものも、他の要件が具備すれば、証拠能力が付与される。

(4) 被疑者の供述を聴取して録取した書面である被疑者供述調書は、供述者である被疑者の署名若しくは押印がなければ、証拠能力は一切認められない。

(5) 被疑者供述調書に被告人の署名若しくは押印が必要なのはその原本についてであり、写（謄本）についてはその必要はない。

(6) 被告人に不利益な事実の承認を内容とする書面は、その承認が自白でない場合においても、任意にされたものでない疑いがあると認めるときは、これを証拠とすることができない。

(7) 法322条1項ただし書により証拠能力を否定された供述調書も、法328条で証拠能力が付与され得る。

(8) 公判期日等における被告人の供述録取書は、被告人の署名若しくは押印を要件としていない。

解 答

× (1) 被告人の供述を録取する者の権原・資格のいかんを問わない。捜査機関が被疑者の供述を録取した供述録取書・供述調書・弁解録取書等はもとよりであるが、弁護人が被告人の供述を録取した書面等も含むとされている。

× (2) 不利益な事実の承認を内容とするものであるときのほか、特に信用すべき情況の下にされたものも証拠能力が認められる。

○ (3) 署名若しくは押印と規定されているので、署名と押印がある場合はもとより、署名だけでもよいし、押印だけでもよい。

× (4) 被告人の署名若しくは押印を欠いた供述調書は、法322条1項に基づいて証拠能力が認められることはないが、当事者が証拠とすることに同意すれば証拠とすることができる(法326条)し、また、公判期日等における被告人・証人等の供述の証明力を争う場合にも証拠能力が付与される(法328条)ことがある。

○ (5) 判例もそのように解している。謄本は、原本の正確な写であることと、原本の利用できない事由のあることの二つの要件を充足すれば、原本と同じ証拠能力が認められる(福岡高判昭25.4.19, 東京高判昭25.3.2)。

○ (6) 法322条1項ただし書。

× (7) ただし書により証拠能力の否定された証拠は、法328条(証明力を争うための証拠)の証拠とすることができないとするのが判例である(東京高判昭26.7.27)。

○ (8) 設問のとおり。

30 被告人の供述書等の証拠能力 237

 論文対策

Q

S警察署A捜査係長は、詐欺被疑者甲を逮捕し、取調べに当たった。甲は、当初、犯行を否認していたが、その後犯行を認める供述をするに至った。しかし、甲が、Aの録取作成した供述調書には署名押印を拒否したので、その旨を奥書に記載して送致した。甲は、他の証拠等により否認のまま起訴されたが、公判廷において全面的に犯行を否認した。

そこで、A係長は、公判廷に出廷して、①取調べの経過、②取調べに対する甲の自供内容について証言することとなった。この場合のAの証言の証拠能力について論ぜよ。

〔答案構成〕

1 結 論

①取調べの経過は、Aの自ら体験した事実についての供述であるから、伝聞法則の適用を受けない。

②甲の供述をその内容とする部分については、法324条1項により、法322条1項の要件を充足していれば証拠能力が認められる。

2 甲の供述調書の証拠能力

○ 法322条1項

○ 署名押印のないものにも、法328条が適用され得る。

3 Aの取調べの経過に関する供述の証拠能力

伝聞法則の適用を受けず、そのまま証拠能力を有す。

4 Aの甲の供述を内容とする供述の証拠能力

法324条によって準用される法322条1項

出題ランク	1	2	3
★★	/	/	/

31 司法制度改革

組立て

司法制度改革

- 司法制度改革の概略
  - 司法制度改革推進法

- 公判前整理手続
  - 公判時の争点の明確化と整理、迅速化

- 被疑者国選弁護制度
  - 被疑者段階での国選弁護人選任

- 即決裁判手続
  - 一定犯罪での即日結審

- 裁判員制度
  - 意義
    - 重大裁判への国民参加。裁判官との合議による審理
  - 裁判員裁判の手続等

新たな司法制度の構築

- 新たな司法制度の概略
- 刑事免責制度
- 証拠収集等への協力及び訴追に関する合意制度

要　点

1　司法制度改革の概略

刑事司法制度を含む司法制度改革は、平成13年11月に「司法制度改革推進法」が制定され、また平成14年3月に「司法制度改革推進計画」が閣議決定され、刑事司法制度の改革について、次の五つの措置を講ずるとされた。

① 刑事裁判の迅速・充実化
② 被疑者・被告人の公的弁護制度の整備
③ 検察審査会の一定の議決に対するいわゆる法的拘束力の付与
④ 新たな時代に向けた捜査・公判手続の整備
⑤ 犯罪者の改善更生及び被害者等の保護

そして、その後、「司法制度改革推進計画」に基づく法整備がなされ、具体的制度として、

① 公判前整理手続（平成17年11月施行）
② 被疑者国選弁護制度（平成18年10月施行）
③ 即決裁判手続制度（平成18年10月施行）
④ 裁判員制度（平成21年5月施行）

が導入された。

2　公判前整理手続

公判前整理手続とは、公判審理を継続的、計画的かつ迅速化するため、第1回公判期日前に検察官、弁護人ともに争点を整理かつ明らかにし、審理期間を短縮しようとするものである（法316条の2～）。

手続	① 公判前整理手続に付される場合 ・裁判所が必要と認めるとき。 ・検察官、被告人若しくは弁護人の請求があったとき。 ・裁判員裁判対象事件であること。 ② 検察官 ・証明予定事実を明らかにし、証拠を開示すること。

の概略	※開示後、被告人側から請求があった場合、検察官が保管する証拠一覧表を交付しなければならない。
	③ 弁護人 ・公判における争点を明示し、証拠を開示すること。
	④ 裁判所 ・採用する証拠・証人、公判日程を決定すること。
	⑤ 公判審理開始

3 被疑者国選弁護制度

被疑者に対して勾留状が発せられている場合で、被疑者が貧困その他の事由により私選弁護人を選任することができないときは、国選弁護人の選任をさせることで、被疑者の権利を保障し、裁判の充実・迅速化を図ろうとするもの(法37条の2～)。

これにより、起訴前の被疑者段階でも国選弁護人が付されることになった。

ワンポイント 平成28年改正法により、被疑者国選弁護制度の対象は、被疑者が勾留された全事件に拡大された(平成30年6月1日施行)。

4 即決裁判手続

検察官は、公訴を提起しようとする事件で、
① 事実が明白で軽微な争いのない事件
② 死刑又は無期若しくは短期1年以上の懲役若しくは禁錮に当たらない事件
③ 証拠調べが速やかに終わると見込まれる事件
の要件を満たした上で、被疑者の同意を条件として、起訴と同時に書面により即決裁判手続の申立てができるもの。

なお、被疑者に弁護人がある場合には、弁護人が即決裁判手続によることについて同意し、又はその意見を保留しているときに限りこれをすることができる。

また、この裁判では弁護人なくして開廷できないこと、伝聞法則は原則として適用されないこと、検察官による冒頭陳述を

省略するなど、裁判所の裁量が広がることになる。

この裁判においては原則、即日結審であり、懲役又は禁錮の場合は必ず執行猶予が付けられる（法350条の16〜）。

ワンポイント　即決裁判において被告人が否認に転じるなどした場合は、公訴を取り消し、再捜査、再起訴を行えるようになった。

5 裁判員制度

意　義
裁判員制度は、地方裁判所で行われる刑事裁判のうち、 　① 死刑又は無期の懲役・禁錮に当たる罪 　② 法定合議事件であって故意の犯罪行為により被害者を死亡させた罪 　　すなわち、殺人罪、傷害致死罪、強盗致死傷罪、現住建造物等放火罪、身代金目的誘拐罪等の一定の重大な犯罪（ただし、裁判員やその親族等に対して危害が加えられるおそれがあるような事件については除外される。） について、衆議院議員の選挙権を有する者（市民）の中から、一年ごとに無作為抽出された裁判員が裁判官とともに裁判を行う制度である。「裁判員の参加する刑事裁判に関する法律」が根拠法律となる。

手続等
裁判員の参加する合議体は、裁判官が3名、裁判員6名である。 　公判前整理手続を必ず行い、裁判員も証人に対する尋問、被告人に対する質問を行うことができる。 　有罪・無罪の決定及び量刑の判断は裁判官と裁判員の合議体の過半数であり、かつ、裁判官及び裁判員のそれぞれ1名以上が賛成する意見による。 　なお、公判前整理手続の結果、被告人が公訴事実を認めている場合において、当事者に異議がなく、かつ、事件の内容等を考慮して裁判所が適当と認めるときは、その事件を裁判官1名と裁判員4名の合議体で取り扱うことができる。

Check!

被害者参加制度

☐ 被害者参加制度とは、裁判所が一定の事情を考慮して相当と認められるときに、被害者等又は被害者の法定代理人の刑事裁判への参加が許される制度をいう（平成19年刑事訴訟法改正による。）。参加を許された被害者等（被害者参加人）は、原則として公判期日に出席することができ、検察官の権限行使に関する意見の陳述（法316条の35）、証人の尋問（法316条の36）、被告人に対する質問（法316条の37）、意見陳述の申出（法316条の38）が一定の要件の下で許される。

☐ 対象事件は、
① 故意の犯罪行為により人を死傷させた罪
② 強制わいせつ、強制性交等、準強制わいせつ及び準強制性交等、監護者わいせつ及び監護者性交等、業務上過失致死傷等、逮捕及び監禁、未成年者略取及び誘拐、営利目的等略取及び誘拐等
③ 上記②のほか、その犯罪行為にこれらの罪の犯罪行為を含む罪（上記①を除く。）
④ （無免許）過失運転致死傷アルコール等影響発覚免脱、（無免許）過失運転致死傷
⑤ 上記①～③の罪の未遂罪（以上法316条の33）

☐ 参加できるのは、被害者、被害者が死亡した場合若しくはその心身に重大な故障のある場合はその配偶者、直系の親族若しくは兄弟姉妹、若しくは被害者の法定代理人又はこれらの者から委託を受けた弁護士である（法316条の34）。

☐ 参加の申出はあらかじめ検察官にしなければならず、検察官は意見を付して裁判所に通知する（法316条の33第2項）。

☐ 被害者参加人が出席する場合、心身の状態その他の事情により、著しい不安又は緊張を覚えるおそれがあると認めるときは、適当と認める者を付き添わせることができる。また、被告人との間に遮へいの措置を採ることができ、さらに、裁判所が犯罪の性質等を考慮して相当と認めるときは、傍聴人との間に遮へいの措置を採ることができる（法316条の39）。

31 司法制度改革 243

6 新たな刑事司法制度の概略

時代に即した新たな司法制度の構築のため、法制審議会による答申に基づき、平成28年刑事訴訟法等の一部を改正する法律によって、下記の制度が整備された。

平28.6.23施行

裁量保釈の判断に当たっての考慮事項の明確化

裁量保釈の考慮事項について条文上に明記された。

証拠隠滅等の法定刑の引き上げ

○ 犯人蔵匿・証拠隠滅罪（刑法103条、104条）
「3年以下の懲役又は30万円以下の罰金」に引き上げ
○ 証人威迫罪（刑法105条の2）
「2年以下の懲役又は30万円以下の罰金」に引き上げ

平28.12.1施行

通信傍受の対象犯罪の拡大

殺人、略取・誘拐等の犯罪を追加し、組織的な事案に限定するための要件が付加された。

弁護人の選任に係る事項の教示の拡充（関連：115頁3）

司法警察員は、弁護人を選任できることを告げる際、弁護士、弁護士法人又は弁護士会を指定して弁護人の選任を申し出ることができること及び申出先を教示しなければならないとされた。

証拠一覧表の交付手続の導入（関連：240頁2）

被告人側からの請求があるとき、検察官は保管証拠の一覧表を交付しなければならないとされた。

公判前整理手続の請求権の付与（関連：240頁2）

検察官、被告人及び弁護人に請求権を付与された。

類型証拠開示の対象の拡大

「共犯の取調べ状況記録書面」、「証拠物の押収手続記録書面」が対象として拡大された。

証人等の氏名・住居の開示に係る措置の導入

加害等のおそれがある場合に、

- 証人の氏名・住居を被告人に知らせないことを条件に弁護人に開示
- 特に必要な場合は、弁護人にも知らせず、代替的な呼称や連絡先を弁護人に開示

の措置が行えるようになった。

公開の法廷における証人等の氏名等の秘匿措置の導入

加害等のおそれがある場合に、裁判所において証人等の氏名等を公開の法廷で明らかにしない旨の措置が行えるようになった。

証人の勾引要件の緩和等

裁判所は、証人が正当な理由なく召喚に応じないおそれがあるときも勾引することができるようになった。

自白事件の簡易迅速な処理のための措置の導入

(関連:241頁**4**)

即決裁判において被告人が否認に転じるなどした場合は、公訴を取り消し、再捜査、再起訴を行えるようになった。

(平30.6.1施行)

刑事免責制度の導入(246頁**7**にて後述)

証拠収集等への協力及び訴追に関する合意制度の導入

(247頁**8**にて後述)

被疑者国選弁護制度の対象事件の拡大

(関連:202頁**1**、241頁**3**)

勾留された被疑者・被告人の全事件に拡大された。

ビデオリンク方式による証人尋問の拡充

性犯罪の被害者以外の証人でも、一定の場合に、被告人が在廷する法廷とは別の裁判所との間でビデオリンク方式による証人尋問が行えるようになった。

(令元.6.1施行)

取調べ録音・録画制度の導入(関連:53頁)

身柄拘束中の被疑者を対象事件(裁判員裁判対象事件/検察官独自捜査事件)について取り調べる場合に、原則として、全過程の録音・録画

31 司法制度改革 245

を義務付ける。

また、供述調書の任意性立証には、録音・録画記録の証拠調べ請求を必要とする。

通信傍受手続の合理化・効率化(関連:185頁)

暗号技術を活用し、記録の改変等ができない機器を用いることにより、通信事業者の立会いを不要とした傍受を実施できるようにする。

7 刑事免責制度

「刑事免責制度」とは、検察官の請求に基づき、裁判所の決定により、免責を与える条件の下で証人にとって不利益な事項についても証言を義務付ける制度である。

刑事訴訟法上、証人は自らが刑事訴追されるおそれがある証言については、証言を拒絶することができる(法146条、憲法38条)。

しかしこの制度では、裁判所が証人に対し、一方的に免責を与えることによって、証言を強制させることが可能となる。証人は、自らが刑事訴追されるおそれがなくなるため、証言を拒否することはできない。証言を拒んだ場合は、証言拒絶罪(法161条)、過料(法160条1項)の対象となり得る。

〈刑事免責制度適用の流れ〉

検察官	・証人の刑事免責 ・証人に証言の義務付け を請求(法157条の2第1項、法157条の3第1項)
↓	
裁判所	検察官の請求に基づき、 ・証人の刑事免責 ・証人に証言を義務付け の決定(法157条の2第2項、法157条の3第2項)
↓	
証人	自らの不利益な事項についても証言を強制される。 ※証言を拒否した場合 →証言拒絶罪(法161条)、過料(法160条1項)の対象

 ワンポイント 刑事免責制度は、「証拠収集等への協力及び訴追に関する合意制度」とは異なり、対象犯罪の限定がない。

8 証拠収集等への協力及び訴追に関する合意制度

証拠収集等への協力及び訴追に関する合意制度とは、特定犯罪に係る被疑者・被告人が、特定犯罪に係る「他人の刑事事件」に関する検察官の捜査・訴追に協力するのと引き換えに、不起訴処分や求刑の軽減等を約束できる制度である。

合意制度は、検察官の裁量に委ねられており、被疑者・被告人側から合意を請求することはできない。

① 合意対象犯罪（法350条の2第2項各号）

「特定犯罪」とは以下の罪で、死刑又は無期の懲役・禁錮に当たらないもののことを指す。

財政経済犯罪	・刑法上の一定の罪 同法96条〜96条の6、155条、157条、158条、159条〜163条の5、197条〜197条の4、198条、246条〜250条、252条〜254条 ・組織的な犯罪の処罰及び犯罪収益の規制等に関する法律の一定の罪 同法3条1項1号〜4号、13号・14号・（その未遂）、10条、11条 ・租税に関する法律、独占禁止法又は金融商品取引法の罪、その他の政令で定める財政経済関係犯罪
薬物銃器犯罪	爆発物取締罰則、大麻取締法、覚せい剤取締法、麻薬及び向精神薬取締法、武器等製造法、あへん法、銃砲刀剣類所持等取締法、国際的な協力の下に規制薬物に係る不正行為を助長する行為等の防止を図るための麻薬及び向精神薬取締法等の特例等に関する法律
対象犯罪に関する犯人蔵匿等	・刑法 犯人蔵匿（同法103条）、証拠隠滅（同法104条）、証人威迫（同法105条の2） ・組織的な犯罪の処罰及び犯罪収益の規制等に関する法律 組織的な犯罪に係る蔵匿等（同法7条1項1号〜3号） 証人等買収（同法7条の2）

31 司法制度改革

② 対象犯罪に関する要件(法350条の2第1項)

合意に応じる被疑者・被告人の事件と他人の刑事事件の双方が「特定犯罪」でなければならない。

③ 合意内容

内　容	履行確保のための措置
○ 被疑者・被告人による協力行為(法350条の2第1項1号) ・検察官、検察事務官、司法警察職員の取調べの際に真実の供述をすること ・証人尋問において真実の供述をすること ・検察官、検察事務官又は司法警察職員による証拠収集に関し、証拠の提出その他必要な協力をすること	○ 合意に違反して、検察官等に虚偽の供述、偽造変造の証拠を提出した場合 →罰則(5年以下の懲役)(法350条の15第1項)
○ 検察官による処分軽減等(法350条の2第1項2号) ・公訴を提起しないこと ・特定の訴因・罰条により公訴を提起又は維持すること ・論告において被告人に特定の刑を科すべき旨の意見陳述を行うこと ・略式命令請求をすること	○ 検察官が不起訴合意に違反して公訴を提起した場合等 →裁判所は公訴棄却等の判決(法350条の13) ○ 検察官が合意に違反した場合 →合意に基づいて行った供述等及び協議過程で行った供述は証拠として使えない(法350条の14第1項)

④ 合意についての流れ

```
┌─────────────────────────────┐  ┌─────────────────┐
│司法警察員による送致・送付事件等│  │検察官独自捜査事件│
└─────────────────────────────┘  └─────────────────┘
                │                          │
                ▼                          │
┌─────────────────────────────────────┐    │
│検察官と司法警察員との事前協議(法    │    │
│350条の6第1項)                      │    │
│                                     │    │
│※上記協議を行う場合、司法警察員は、警│    │
│  察本部長に順を経て報告し、その指揮を│    │
│  受けること(犯捜規182条の6第1号)  │    │
└─────────────────────────────────────┘    │
                            │              │
                            ▼              ▼
```

被疑者・被告人及び弁護人と検察官の協議

※弁護人の関与は必要だが、被疑者・被告人及び弁護人の異議がなければ一部を弁護人のみと協議できる。ただし、異議がなくとも被疑者・被告人のみと協議はできない(法350条の4)。

※検察官は、現に捜査していることその他の事情を考慮して、当該協議における必要な行為を検察官の個別の授権の範囲内で司法警察員にさせることができる(法350条の6第2項)。ただし、当該行為を行う場合、司法警察員は警察本部長に順を経て報告し、その指揮を受けること(犯捜規182条の6第2号)

↓

弁護人の合意内容の同意(法350条の3第1項)

↓

被疑者・被告人及び弁護人と検察官の三者の連署した書面により、合意内容を明らかにして合意する。(法350条の3第2項)

合意が成立しなかった場合
被疑者・被告人が協議において行った他人の犯罪事実を明らかにするための供述は、証拠にすることはできない。ただし、供述を手がかりに捜査を実施し、新たな証拠(派生証拠)を発見した場合、その派生証拠は証拠として用いることは許される。

練習問題

Q

次のうち、正しいものには〇、誤っているものには×を記せ。

(1) 平成28年改正法が平成30年6月1日に施行されたことにより、被疑者段階での国選弁護制度対象事件は勾留の有無を問わず、全事件へと拡大された。

(2) 即決裁判手続において懲役又は禁錮の有罪判決を言い渡すときは、必ず執行猶予付きの判決を言い渡さなければならない。

(3) 国選弁護人の選任を請求するためには、資力申告書を提出しなければならず、資力が基準額(30万円)以上の場合には、弁護士会に対し弁護人選出の手続をしなければならない。

(4) 公判前整理手続期日には、検察官及び弁護人が出席さえしていれば、被告人は欠席でもかまわない。

(5) 被疑者を逮捕した際は弁護人選任権を告知する必要があるが、被疑者国選弁護制度対象事件の場合、資力申告等制度内容についても説明する必要がある。

(6) 「証拠収集等への協力及び訴追に関する合意制度」により、被疑者の取調べにおいて、取調べ警察官から合意を申し向けることができる。

(7) 「証拠収集等への協力及び訴追に関する合意制度」により、被疑者・被告人側から合意を請求することもできるが、利用するかの判断は検察官に委ねられている。

(8) 刑事免責制度は、司法取引と違い、対象犯罪に限定はない。

× (1) 平成28年改正法により、被疑者国選弁護制度の対象は、全事件に拡大されたが、勾留状が発せられている場合に限られている。

○ (2) 法350条の29。

× (3) 基準額は50万円（法37条の3）。

○ (4) 法316条の9。

○ (5) 設問のとおり（法203条4項）。

× (6) 警察官には権限がないので、警察官側から申し向けることはできない。被疑者から合意制度に言及された場合は、弁護人又は検察官に質問するよう申し向けること。

× (7) 被疑者・被告人の側に合意を請求する権利を与えるわけではないので、そもそも請求できない。合意制度を利用するかどうかは、検察官の裁量に任されている。

○ (8) また、証人との事前の合意も不要で検察官の求めを受けて、裁判所が決定する。

NEW トライアングル学習　刑事訴訟法【改訂版】

平成27年 2 月20日　　初 版 発 行
平成30年 7 月10日　　補訂版発行
令和元年12月20日　　改訂版発行

編 著 者　受 験 対 策 研 究 会
イラスト　村　上　太　郎
発 行 者　星　沢　卓　也
発 行 所　東京法令出版株式会社

112-0002	東京都文京区小石川 5 丁目17番 3 号	03(5803)3304
534-0024	大阪市都島区東野田町 1 丁目17番12号	06(6355)5226
062-0902	札幌市豊平区豊平 2 条 5 丁目 1 番27号	011(822)8811
980-0012	仙台市青葉区錦町 1 丁目 1 番10号	022(216)5871
460-0003	名古屋市中区錦 1 丁目 6 番34号	052(218)5552
730-0005	広島市中区西白島町11番 9 号	082(212)0888
810-0011	福岡市中央区高砂 2 丁目13番22号	092(533)1588
380-8688	長 野 市 南 千 歳 町 1005 番 地	
	〔営業〕TEL 026(224)5411　FAX 026(224)5419	
	〔編集〕TEL 026(224)5412　FAX 026(224)5439	
	https://www.tokyo-horei.co.jp/	

© Printed in Japan, 2015

本書の全部又は一部の複写、複製及び磁気又は光記録媒体への入力等は、著作権法上での例外を除き禁じられています。これらの許諾については、当社までご照会ください。

落丁本・乱丁本はお取替えいたします。

ISBN978-4-8090-1408-6